OHSAMA BUNKO

エスパー・小林の
そうだったのか！「あの世」の真実

エスパー・小林

三笠書房

はじめに――「死後の世界」の不思議を探求する本

私は、霊能関係の諸々を生業《なりわい》にしている。

これまで、除霊に始まり、転職や引っ越し、恋愛・結婚や名付け、お受験といった人生相談から、口寄せ（降霊）、〝特異気功〟による身体の癒《いや》しなど、幅広く行なってきた。

その私が今回、満を持《じ》して著した本書のテーマは、ズバリ**「死後の世界」**だ。

人生相談の現場、あるいは気功を施《ほどこ》している最中などに、相談者から「死後の世界」に関する質問を受けることは、非常に多い。

「三途《さんず》の川って、本当にあるんですか？」
「あの世に行ったら、親や会いたかった人と再会できるの？」
「悪いことをした人は、本当に地獄に落ちるのでしょうか」
など、多くの人にとって「死後の世界」への興味は尽きることがないようだ。

意外に思われるかもしれないが、私は「現世的」な人間だから、「死んだ後のことに興味を持ってどうするの？」と、ややクールに見ていたところがある。

しかし、この世に生まれてきた以上、「死」は誰にとっても避けられないものであるし、大切な人に先立たれ、残される立場になった人たち、また自分の余命について思うところのある人たちの心情は理解できる。

そこで本書を書くにあたり、自分で霊視して得た情報に加え、自分の背後霊に「死後の世界」の仕組みや様子について聞いてみることにした。

誤解をまねくことになるので詳しくは明かせないが、私には今の段階で五十弱の背後霊がついている。その多くは、誰もが知る「信仰の対象」だ。

霊能者として、私が除霊をしたり、人の未来を見通したり、降霊したり、癒しのエネルギーを送ったりできるのは、そのためだ。

いわば、いろいろな薬が入った薬箱を背後に持っているようなものとイメージしてほしい。

私が霊能にまつわる様々なことができるのは、たくさんの種類の「薬」を持っているからなのだ（通常の霊能者は、たとえば風邪薬だったり、胃薬だったりと、一種類の薬しか持っていないことがほとんどだ）。

では、なぜ私にはそのようにたくさんの背後霊がついているのか。

それは、逆説的に聞こえるかもしれないが、私には「信仰心」というものが皆無だからだと思う。

人知を超えた存在、全知全能の「信仰の対象」になるようなエネルギー体は確実に存在する。しかし、そこに教義やら儀式やらがくっついてくる、いわゆる

「宗教」を信じるかとなると、話は全く別だ。

少なくとも現在の宗教の中には、誰かの懐《ふところ》を潤《うるお》すための主義主張になってしまっているものがないだろうか。

実際、私の背後霊に、ある宗教の教義について尋ねてみると、

「そんなことは言っていない」

という答えが返ってきた。もしかすると、私にはそうした〝誰かの利益のための主義主張〟を否定する「お役目」があるのかもしれないとさえ思っている。

背後霊には、よく、

「お前は使いやすい」

と言われるのだが（そして、「思ったよりスケベエなのは困りものだ」とも）、それは私が宗教的な観念にこだわらないからだと思っている。

話を戻そう。

今回、改めて「あの世」の世界を霊視し、背後霊に疑問をぶつけることで、

「なるほど、そうだったのか！」

と、驚かされることもいくつかあった。また、周りの人たちに、

「あの世について知りたいことがある？」

と、質問することで、普通に生活をする人たちが何を恐れ、何を求めているのかを再認識することもできた。


本書を手にした方々は、少なくとも「あの世」への好奇心、あるいは死ぬことへの恐怖心もお持ちかと思う。

「あの世」の真実を知ることで、そうした恐れが少しでも拭《ぬぐ》われ、ひいては「この世」を淡々と前向きに生きる一助となれば、著者として望外の喜びである。

エスパー・小林

もくじ

1章　人は死んだらどうなるのか
――いつか訪れる「その時」のために

2章

「あの世」は、どんなところなのか

――成仏した後、「魂」が辿り着く世界

3章　「あの世」と「この世」のつなぎ方
——彼岸からの声を聞くには？

4章

あなたを護っている「背後霊」

――最も身近な「この世ならざるもの」

5章 「生まれ変わり」の真実
――「善行」を積むと、来世で「いいこと」はある?

編集協力◎宇都宮ゆう子
本文イラスト◎山本重也(shige)

1章

人は死んだらどうなるのか

——いつか訪れる「その時」のために

1 死期が近づくと、人はどう変わるか

さて、人は死ぬ時に、どのようにして「あの世」へ戻っていくのだろうか。

「あの世」への旅立ちについて**「お迎えが来る」**といった表現をすることがある。

実際、早い人だと亡くなる二週間ほど前には「お迎え」が来るようだ。

お迎えの人のほとんどは、すでにあの世に旅立っていった自分の身内である。

だから、末期ガンなどを患《わずら》っている人が、

「昨日、亡くなったおじいちゃんの夢を見た」

と言い出した時は、夢の内容によっては、「そろそろかもしれない」と心の準

備をしておいたほうがいいと思う。

しかし、逆に言えば、

「おじいちゃんがお迎えに来たから、安心して送り出せる」

ということでもあるのだ。

「この世での欲」が次第に薄れていく

人は、死期が近づくと、皆一様に「あの世」について思いを馳《は》せ始める。「気」のパワーによる延命治療を行なっている最中に、相手が、

「小林さん、私でも天国に行けますか?」

と言い出すと、そろそろだと警戒する。そんな時、少しでも長生きしてほしい場合は、「この世につなぎとめる」という意味で、

「そんなことより、今場所の大相撲、誰が優勝しますかね」

「お孫さん、結婚されるんですって? 花嫁姿くらいは見てあげましょうね」

などと「この世」で起きる未来の話をして、意識をあの世に持っていかせないようにしている。


似たような発言ではあるが、「欲」に関すること、たとえば、

「もう、私は死にます。死ぬまでに日本酒を浴びるほど飲みたい」

「医者に禁じられていたスイーツをお腹いっぱい食べたい」

といったことを口にするようなら、まだ大丈夫だ。「欲」があるうちは、まだまだ生きられるだけの気力もある。

知り合いの看護師さんが、

「女性を見ると、すぐお尻を触ってくるおじいちゃんが入院していたのですが、『あれ？　最近触らないな』と思っていたら、数日後に亡くなりました」

と話していた。


死が近づくと、この世での欲が薄れることを感じたエピソードだ。

「あの世」に行く前に“枕元”に立って別れを告げる

話を戻そう。ついに死を迎え、息を引き取ると、肉体から魂が乖離《かいり》していく。

魂には重さがないため（二十一グラムだという説もある）、ふわふわと空を浮き、見下ろすようにして自分の亡骸《なきがら》を確認するようだ。

その後「あの世」に連れて行ってくれる**「光の道」**が現われるまで、時には「お迎え」の人の指示を受けながら、生前、親しかった人のところを巡っていく。

「かわいがってくれていた叔母さんが枕元に立ったと思ったら、訃報《ふほう》が届いた」というような話を耳にしたことはないだろうか。実際にそんな体験をしたことがある人もいるかもしれない。これなどは、「最期の挨拶《あいさつ》」に訪れているのだ。

死んでしまうと〝しがらみ〟がなくなるから、挨拶に回る順番は自分が好きな順、自分の魂がより「親しくしていた人」からのようだ。

だから、人によっては妻や子どもよりも愛人のほうに先に向かうこともあるかもしれない。

そして、「この世」で親しかった人たちに挨拶を終えると、「光の道」を通って、あの世へ旅立つのだ。

2 死ぬ時は、痛くない

死ぬ瞬間、人によっては少し痛みを感じるようだ。

ただ、それはほんの一瞬のことで、しかもチクリ程度のものだ。また、怪我《けが》や病気で体の痛みを訴えていた人の場合は、死によってすぐにその苦しみから解放されることになる。そういう意味で「死ぬ時は痛くない」ので安心してほしい。

私も「自分が死ぬ瞬間はどんな感じなのだろうか?」と思い、自分の死の間際を視《み》たことがある。

まず、目の前がフーッと白くなって何も見えなくなった。イメージとしては車窓が水蒸気でくもる感じだ。そして、次第に音も聞こえなくなっていった。

ドイツの文豪ゲーテは死の間際に「もっと光を」と言ったそうだが、言い得て妙だと思う。メガネをかけて湯気の立つ浴室に入ると、レンズがくもって見えなくなるが、そんな感じだと思ってほしい。

そして私の場合「視界がくもった」と感じた瞬間、医者がバタバタしている空気が感じ取れた。音は全く聞こえてこなかった。

そして、くもった視界がそのままスーッと真っ白になって終わり、痛みを感じることはなかった。

最期に耳に届いたのは――

ただし、私の場合、「その時」に聴覚はなくなったが、個人差は確実にあるようだ。

というのも、ある高齢の女性の延命をしていて、いよいよという段階になり、家族が、

「最期に音楽で送ってあげたい」

と、彼女の好きなカーペンターズの曲をかけた。すると、昏睡《こんすい》状態だったにもかかわらず、女性の顔の緊張がほぐれ、やさしい笑みを浮かべたのだ。

「おばあちゃんの好きな曲だ。よかった、喜んでる！」

と、家族全員が涙を流し、喜び合っていたのが印象的だった。

ちなみに、この女性の意識はその後、戻ることはなく、一週間ほど小康を保った後、家族に見守られながら静かに息を引き取った。

3 あの世に続く「光の道」とは

さて、この世とあの世をつなぐ「光の道」は、天寿をまっとうした人には、必ず用意される。

多くの日本人は、寺や美術館などで、**極楽浄土**（いわゆる「あの世」のこと）にいる阿弥陀如来《あみだにょらい》の仏画や仏像を目にしたことがあると思う。

多くの阿弥陀如来の背後には「光背《こうはい》」または「後光」と呼ばれる光が表現されている。この光こそ、「光の道」の根源であり、生きとし生けるものを「成仏」させてくれるエネルギーだ。

阿弥陀如来はそのエネルギーが凄《すさ》まじく、まさに〝まばゆいばかりの光〟の存在であり、その光でありとあらゆるものを清めるほどのパワーがある。

だから、阿弥陀仏を描いたよく知られた美術作品は、どれも「その通りだな」と感心する。

先人に、実際にその姿を感得できる人物がいたのだろう。

「はじめに」にも書いた通り、私は宗教心、信仰心のない人間だが、「仏の姿」として表現されているものを、全否定しているわけではないのだ。

なぜ「お迎え」が来るのか

天寿とは「天から授けられた寿命」である。

そして寿命は〝ろうそくの炎〟にたとえられるが、その通りだと思う。

八十歳まで生きられるろうそく（命）なら、八十年、六十歳なら六十年、三十歳なら三十年で消えてしまう。

この〝ろうそくの炎〟が消えそうな頃、「お迎え」が来るのだ。

先にも書いた通り、延命をしていて「すごいな」と感じるのが、どのような人でも亡くなる二週間ほど前になると、**その人に縁のある「お迎え」の人物**の顔がポンと出てくることだ。

そこで、その人の家族に、

「こういう顔の女性が来ていましたよ」

「こういう風貌《ふうぼう》の男性に覚えはありませんか?」

と聞くと、必ず延命を施している人の亡くなった両親だとか、兄弟だとか、配偶者だと教えられるのだ。それは自宅でも、病院でも同様だ。

なぜ「お迎え」が来るのか。

たとえば、あなたがまだ幼い子どもで、初めて田舎から上京するとしよう。その時、いきなり、

「じゃあ、東京駅に来てね」

と言われても、誰か大人が付き添ってくれなければ、どこから、どの列車に、どう乗ったらいいか、わからないだろう。また、友人や田舎の風景に別れを告げたいとも思うだろう。

「あの世」に旅立つ時も、全くそれと同じである。そのため、「あの世」へ旅立った身内が「お迎え」としてやって来て、

「お別れは簡潔にね」

「こういうルートで行くんだよ」

と、教えてくれるわけだ。

さて、「お迎え」の人は、あの世への

「案内人」とも言い換えられる。この「案内人」だが、**あの世でも「いつ、誰をお迎えに出すか」について準備が必要**なようだ。

そこで、「あの世に旅立つ人」と「案内人」との「パイプ役」を果たす存在がいる。それが**「背後霊」**だ。

ほとんどの人の背後霊は、すでに故人になっている「ご先祖の魂のカケラ」と思っていい。だから、

「あ、もうそろそろだな」

と察すると、背後霊が「案内人」を差し向けてくれるのだ。そうして、死の間際になると「光の道」を示し、亡くなった魂を確実に「あの世」へ連れて行ってくれるのである。

「さまよう魂」を霊界に上げる方法

しかし、「案内人」が現われず「光の道」が現われないケースもある。不慮《ふりよ》の

事故や、殺人、自殺などで命を落とした場合だ。

これらは突発的に起こるため、「お迎え」も「光の道」も間に合わないのだ。

「かつて交通事故で亡くなった人の霊が、今もトンネルの中をさまよっている」といった怪談は全国各地で聞かれるが、それは、このような霊には「光の道」が延びてこなかったためだ。

だから、私は除霊をする際、**光のエネルギーを自分の体から出すことで、さまよう魂を霊界に上げる**という手法を取っている。

私がまだ霊能者として立っていくための修行を積んでいた頃、師匠から、

「三百六十五日、二十四時間、体から金色のオーラが出せるようにならないといけない」

と言われたことがある。

ありがたいことに、その方法をマスターすることができ、今でも「霊能者」としての活動ができている。

だから私は、人を見ただけで「この人、霊能者だな」とすぐにわかる。「金色のオーラ」を出しているからだ。

そして「実力の程度」まで、すぐにわかる。

逆に、相手にも私のオーラが見えていると思う。

4 「光の道」が現われないケースとは

天災で亡くなった場合も、「光の道」は、残念ながら延びてこない。背後霊がその人の死を察知できていなかったためで、たとえ命を奪った相手が大自然だとしても、「お迎え」は来ないのだ。その結果、魂はこの世をさまよい続けることになる。

三・一一の東日本大震災の後、被災地のタクシー運転手が客を乗せて走っていたのに、気づいたら誰も乗っていなかった……といったエピソードなどが書籍でも紹介されていたが（『魂でもいいから、そばにいて』〈奥野修司著・新潮社〉）、実際に、今なお「この世」にとどまり続けている魂はあるのだろう。

この「光の道」なのだが、「乗り合いバス」にたとえると、わかりやすいかもしれない。

バスはいつ、どこを通過するかが、あらかじめ決められている。そして、このケースでいうバスの到着時刻は、「寿命の尽きる時」である。

“成仏できなかった魂”はどうなるのか

寿命前に命を落とした人がいくら「バスに乗りたい」と言っても、「バス」は用意すらできていないから、いつまで待ってもやって来ない。

では、予定されていた寿命が尽きる時まで待ち続ければ、バス、つまり「光の道」が降りてくるかというと、そううまくもいかないようだ。

ちなみに、寿命の長さや「バス停」の位置（寿命を終える予定の場所）は、生まれた時から決まっているかといえば、決まっている。

しかし、寿命の長さは、その人の生き方によって変えることができる。摂生《せっせい》に努めることで、本来予定されていた寿命を延ばすこともできるし、逆に、体が弱い人が無理をしたり、不摂生な生活をしたりすれば、寿命はうんと縮まる。

寿命は、その人の「選択」によっても変えられる。

たとえば、引っ越し、転職、結婚、離婚、出産など、人生を左右するようなイベント、また「病院選び」などによって、寿命の長さが変わることがある。

そして、寿命が変動することによって、「バス停」の位置も微妙に変わる。「バス停」の位置をセッティングしてくれるのは、「お迎え」を用意してくれる背後霊や、その人の身内の霊だ。

だから、寿命で亡くなる「自然死」の場合は、「バス停」については何の心配もないので安心してほしい。

さて、バス（＝光の道）が来ないとどうなるかというと、前述したように、

「霊体」となって、この世をさまようことになる。

魂には時間の観念もないので、「延々と」である。この延々とさまよっている魂こそ、私たちが目にすることになる幽霊、いわゆるお化けの正体なのだ。

戦争や交通事故などで亡くなった人も同様だ。

お迎えが来ない、「光の道」も現われないから、成仏できず、霊体となってこの世をさまよい続けることになる。

そして、その霊体としての姿も、侍として命を落としたら侍だし、兵隊の時に絶命したら兵隊、学生なら学生になるわけだ。

「供養される」と死んだことを自覚できる

しかし、安心してほしい。

天災や戦争などで、天寿をまっとうすることなく亡くなった方々には、盛大な

供養がなされ、メディアでも大々的に報じられる。その様子を見て、
「ああ、やはり自分は死んだのか……」
と霊が自分の死を認識し、また霊能者のような「光」を発する人が「天に上げてあげよう」と手助けをしてくれると、なんとか「あの世」へ進むことはできる。

たとえ「光」を発する人の力添えを得られなかったとしても、「成仏《じょうぶつ》したい」「あの世に行きたい」と強く願うことで、「この世」から徐々に存在が消えていくこともある。

要は、**「自覚」が大切**なのだ。

寝ていたところに天災に遭って絶命した、というような場合には、「自分は死んだ」という感覚自体がないため、霊体になってなお、「日常生活を送り続ける」ケースも少なくない。

その場合、誰かが、
「あなたはこういう状況で亡くなりました」

と、伝える必要が出てくる。しかし、そういう状況で命を落とした人は、「自分は死んだ」という意識がないため、

「何を言ってるの？」

と、まず反発するだろう。

そういう場合、「こういう状況で亡くなりましたよ」ということを、生者の側がしつこくしつこく、伝える必要がある。

5 肉体を抜け出した魂は、こうなる

いくら盛大な葬儀を挙げ、お線香を手向《たむ》けながら、

「あなたは亡くなりましたよ。成仏してね」

と親族が強く念じ、説得をしても、

「お前、何やってんだ。オレはここにいるじゃないか」

と、全く聞く耳を持たない人（霊）も少なくない。こういう場合は、私のような除霊の専門家に頼む必要が出てくるだろう。

私は仕事柄、「話し合い」が必要な霊ばかりを見てきたのだが、大変なケースもいくつかあった。

毎回、骨を折る羽目になるのが、宗教関係者の魂への説得だ。なまじっか「あの世」や魂についての知識があるために、

「オレが死んでいるわけがない」

と、理屈をこねてくるのだ。

笑い話のようにも聞こえるが、「お寺に出る幽霊が、実はお坊さんの幽霊だった」といったケースは少なくない。

また、中には、自分が死んだことを認識しながら、

「霊界は恐い。あの世に行きたくない」

と、現世にしがみついていたお坊さんの霊もいた。

このように、霊体になった存在が全て「話してわかる」わけではない。

その場合、私は説得をやめて、「光のパワー」で無理やり「あの世」に上がってもらっている。

「時間の感覚がない」「お腹が空かない」「疲れない」

たとえば、あなたが突然事故に遭い、霊体になったとする。そして、「あれ？　私、死んだのかもしれない」と思ったら、ガラスや鏡を見てみてほしい。霊体になると、自分の姿はガラスや鏡には映らない。

水に触れてみるのも、一つの方法である。霊体は水に濡《ぬ》れないからだ。また、霊体になると、人に触れることもできなくなる。その代わりに、死ぬと「死んだ人」が視えるようになるので、もし、幽霊の姿が視えたとしたら、「自分もそうなのかもしれない」と疑ってみてもいい。

他にも霊体になると「時間の観念がない」「お腹が空かない」「疲れない」といった特徴が出てくる。

これらをふまえた上で、自分の目の前で自分の思い出話が始まったり、葬式が挙げられたりしたなら、完璧にあなたは死んだということだ。

ただ、自分の死が自覚できるのは幸運なことでもある。人気《ひとけ》のない山や海で突発的に命を落としてしまった場合、自分の死を確かめようがなく、その場にそのままとどまることが往々にしてあるからだ。

「夢枕に立った人」が伝えたいこと

さて、自分の死が理解できたとしよう。

死の自覚があるにもかかわらず、人知れず命が尽き、あの世から「お迎え」も来なかった、というようなら、自分を供養《くよう》してくれそうな人にひたすら、

「成仏を願ってほしい」

と、アピールすることだ。

一番いい方法が、**「自分と血のつながった人」の夢枕に立つ**ことである（死ぬと、人〈霊〉は夢枕に立つことができるのだ）。寝ている人の枕元に立ち、メッ

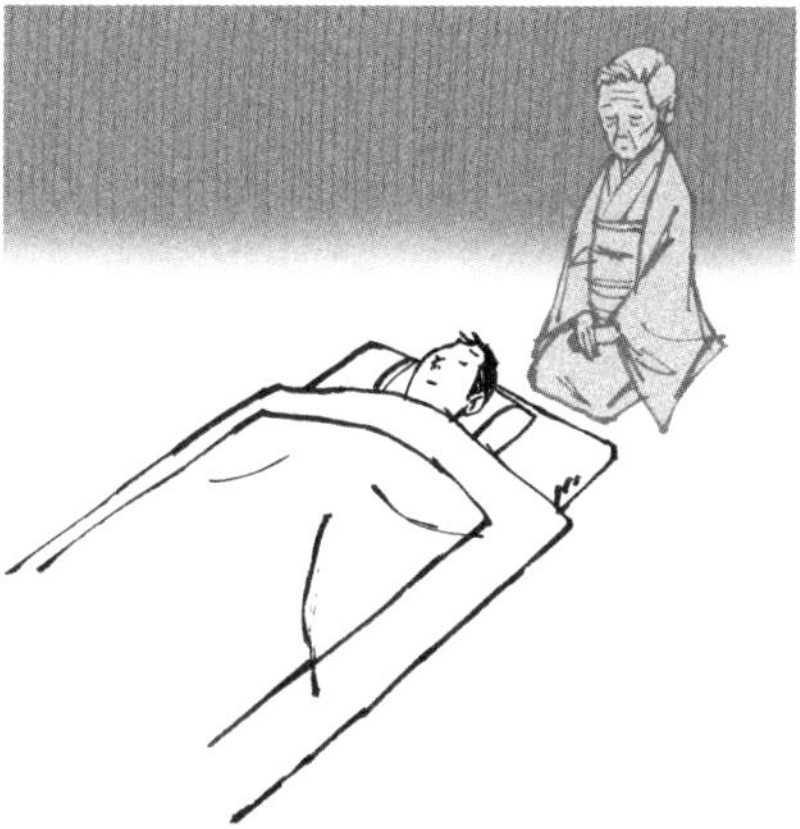

セージを送り続けてほしい。

ただ、〝送信側〟がいくらがんばっても〝受信側〟にその機能がなければメッセージが受信されないように、いくら夢枕に立っても相手によっては何も通じない可能性もある。

相手になかなか気づいてもらえない場合は、くり返し、くり返し、時には人を替えて夢枕に立ち続けること。そうしているうちに、

「あれ？　あの人、今、何してる？　元気にしてる？　まさか死んでないよね」

という思いから、

「部屋を覗《のぞ》いてみよう」

だとか、

「警察に相談しよう」

「よくわからないけれど、線香を一本上げてみよう」

といった行動につながり、その結果、あなたの供養につながっていくだろう。

「自分には、頼れる身内がいない」という場合は、自分のご先祖さまのお墓がある宗教施設へ出向くといいだろう。成仏の手助けをしてくれる霊や人に出会えるかもしれない。

もちろん、思いがけない不慮の事態で死んでしまう人は、一パーセントにも満たないと思う。

それでも「転ばぬ先の杖《つえ》」として、この知識を頭の片隅に置いておけば安心だ。

こうした「苦労」を考えると、天寿をまっとうした人は、本当に「幸運」なのである。

6 多くの人は「自分の葬式」を見に来ている

葬儀だけでなく、亡くなってしばらくは、現世にとどまってあらゆるものを見聞きできる。そのため、多くの霊が「自分の葬儀」を見に来ている。

「結局、オレのお葬式、こんなふうにしたんだー」

「お、あいつ来てくれたのか」

という具合に。

だから、私のような霊能者は、親類や知人の葬儀に行くと、亡くなったばかりの故人の霊がどこにいるか、気づくことがある。ほとんどの霊は、真上ではなく、

祭壇の右端か左端に佇《たたず》んでいる。

そして、私と目が合うとニコニコと微《ほほ》笑《え》んでくれる。そんな時は親族に、

「彼、あそこにいるよ」

と、教えてあげることもある。そうした霊に対して、

「どうも」

と挨拶することも、霊能者であれば、よくあることだ。


直近の葬儀でこうした霊を見たのは、私の母の葬儀である。

昨年の秋、私は母親を亡くした。

葬儀の最中、ふと視線を感じたのでそ

ちらに目を向けると、なんと、自分の遺影の後ろから母親の霊がひょこっと顔を出して、Vサインをしてきた。

「何してるの⁉」

と、目頭をハンカチで押さえている妻や子の隣りで、思わず吹き出しそうになった。

晩年、母は体調が悪く伏せりがちで、移動は常に車椅子だった。体がつらそうな表情をよくしていたので、ニコニコした笑顔を見て、

「楽になったんだな」

と、変な話だがホッとしたのだ。

「霊に自分の死を認識させる」ための儀式

私の母のように病を得て、あるいは老衰で徐々に死へと向かっていった場合、自分の死を理解して亡くなっている。だから、霊体のほうも、

「自分の葬儀はどんな感じだろう」

「誰が参列してくれたのかな」

と、確認の意味でやって来ることが多いようだ。そういうケースでは、ほとんどの霊体が楽しそうにしている。


しかし、突然、亡くなられた人（霊）の場合は、そう穏やかな気持ちではいられないようだ。

「えっ、何で遺影の写真がオレなの？　これ、オレの葬式？　オレ死んだの？　何で？　ちょっと待ってよ……」

と、パニックになっている霊を実際、見たことがある。

もちろん、

「ああ、オレ、やっぱり死んでたんだ」

と、納得する霊もいる。

どちらにしろ、事故などで突然、亡くなられた場合は、自分の葬儀に来て初めて「死」を受け入れる霊体がほとんどだ。

私は宗教心を持たないが、「霊に自分の死を認識させる」という意味では、葬儀や仏教でいう初七日、四十九日などの儀式は、不可欠だと思っている。

7 亡くなった人と「コンタクト」は取れるのか

さて、末期ガンの患者さんへの癒しを行なっている時、

「自分が死んだ後、夫や子どもにメッセージを伝えることはできないの？」

と、聞かれることがある。

また、近々ご遺族になられるであろう方から、

「母が亡くなった後、どうにかして母の霊とコンタクトを取れないものでしょうか？」

と相談を受けることもある。

結論から言えば、方法はある。より確実で、手っ取り早い手法は、**「線香」**を用いるものだ。

しかし、詳しくは書けない。

この方法はいわば「コックリさん」の上位版で、本来呼び出したい霊ではなく、悪霊が出てくるリスクを伴うからだ。

私は、霊を呼び出す時には、万全の態勢で臨んでいる。それは、どんな時も〝おかしげな霊〟が出てくる可能性を捨てきれないからだ。

「除霊」ができる私ですら、降霊に関しては躊躇《ちゅうちょ》するのだから、紙面で一般の読者の皆さんに降霊術を紹介するなど、とてもできない。責任が持てないのだ。

「夢枕に立ってもらう」方法

それでも「故人と話したい」というのなら、一番安全で確実な方法は、降霊できる霊能者や「いたこ」に依頼することだろう。

「死んだ人」と対話をするには、人を介したほうが安全だ。ただ、詐欺師《さぎし》的な霊能者や「いたこ」が存在するのも確かである。

そこで比較的お勧めできるのが、先にも紹介した「夢枕」に立ってもらう方法だ。

「夢なんて、しばらく見てないよ」

という人もいるだろう。また、受け手側、つまり生者のほうの感受性が頼りというところもある。しかし、安全面から言っても、私は「夢枕」以外、お勧めはできない。

では、**「夢枕に立ってもらう方法」**をご紹介しよう。

まず、亡くなった人の命日の夜、仏壇か、故人がよく座っていたテーブルの位置に、その人の好物を供《そな》える。

そして、その日は入浴して念入りに髪や体を洗い、新しいパジャマに着替えたら、その人の自筆の何かか写真をビニール袋に入れ、枕の下に置いて寝る——それだけだ。

すると、夢でその故人と会える可能性が高まる。思う存分、再会を楽しんでほしい。

自筆のものや写真がなければ、名刺でもかまわない。その人のエネルギーがしみ込んでいそうなものを選んで枕の下に置くのだ。

命日は「あの世」への入り口が開く特別な日

命日とは故人にとって、あの世への入り口が開いた特別な日だから、一年で最も「出てくる」可能性が高い日になる。

もちろん、普段の日でも、

「死んだおばあちゃんの夢を見た」

というのなら、亡くなったおばあちゃんがアクセスしてきている可能性がある。

気になるようなら、その内容をメモしておくと、「おばあちゃん、ありがとう」

と感謝したくなるような何かがあるかもしれない。

私の母は霊感が強かったのだが、私の父（つまり彼女の夫）が他界した後、よく亡き父の夢を見たそうだ。

こんなことがあった。

妻を連れて実家に帰省した、ある夜のこと。

玄関を入ると、ふわっと、死んだ父の整髪料の匂《にお》いがした。

「え？　おやじ、いるの？」

と、錯覚してしまうくらい、はっきりした匂いだった。

しかし、一緒にいた妻は感じなかったそうで、私だけが感じた「匂い」だった。

しばらくして、

「ごめん、あんまり到着が遅いから、少し横になって休んでいた」

と、母が寝室から出てきたのだが、

「今ね、お父さん（夫）の夢を見ていたの」

と言うのである。私が整髪料の匂いを感じていた時、ちょうど母は夢の中で父と会っていたのだろう。

私の両親は、大変仲のいい夫婦だった。父は死後、定期的に母に会いに来ていたようで、私が夜、亡き父の気配を感じた日には、だいたい母が父の夢を見ていた。私のところへは、あまり来なかったのだが（笑）。

故人を「思い出す」ことで〝霊とのパイプ〟は保たれる

「夢枕」を用いた降霊術は、亡くなった人の誕生日でも有効だ。また、命日や誕生日といった故人ゆかりの日だけでなく、お盆やお彼岸はもちろん、日頃からその人のことを思い出してあげると、より夢枕に立ってもらえる確率は高くなるだろう。

私も、亡き両親の好物を日頃から仏壇に供えている。

一人暮らしをしていて仏壇がない人は、故人の好物を食べる時に、

「ああ、おじいちゃん、おはぎ好きだったなあ」

と思い出してあげるのもいい。

思い出さないと、霊とのパイプはどうしても失われてしまう。

「日頃から、故人のことを考えているよ」

というようなら、ひょっとしたら、まさに今、あなたの枕元には割とたくさんの霊が、何かを伝えにやって来ているのかもしれない。

8 「病」から解放された霊魂が感じること

認知症を患っているご家族がいる人も、読者の中にはいるだろう。亡くなると、認知症の患者さんはスッキリと気分が晴れると思う。認知症は、「脳」という肉体機能の低下によって起こるわけだから、「肉体」がなくなれば、「魂」はその制約から自由になれるからだ。

だから認知症を患っていて、自分の息子の名前を忘れてしまった人でも、病室で亡くなったら、「肉体」から離脱した霊魂がベッドのあたりを見下ろしながら、

「あっ！　マサオ！」

というふうに、息子について思い出すのだ。

しかし、認知症だった頃のことは、残念ながら記憶に残らないようだ。脳に記録されていないためだと私は理解している。

残念な話なのだが、折り合いの悪かった嫁が認知症を患った姑《しゅうとめ》を献身的に世話したとしても、逆に仲が良かった娘が、認知症を患った母親を邪険に扱っていたとしても、

「知らないこと」

という形になる。

ただ、本人はほとんど覚えていなくても、「お迎え」に来た人が「実は……」と故人に知らせてくれることはある。

また、良きにつけ悪しきにつけ、**行ないは、必ず自分自身に跳《は》ね返ってくる。**

「おばあちゃん、ボケちゃったから、わからないわよ。適当にあしらおう」

というような人は、私の経験上、ロクな目に遭っていない。

「しがらみ」から解放され、広い心持ちに

さて、認知症を患っていた人たちの死に際しては、「もう少し、私がちゃんと見てあげていれば……」と、お世話をしていた人が罪悪感を覚えたり、他の親族から責められたりするケースも少なからずある。

しかし、たとえそうであっても、気に病まなくて大丈夫である。往々にして、彼らは「生」に対する執着がさほどないからだ。

霊魂は肉体を離れて楽になった、そちらの喜びのほうが大きいようなのだ。ガンや糖尿病などの病気で亡くなった人たちも同様だ。

特に「痛み」を感じていた人たちは、亡くなると「こんなにも楽になれるなんて」と、驚くことが多い。

「生」に対する執着が強い割に、

「死んだほうがマシだ！」

と、憎まれ口を叩く人がいるが、実際に死んでみると、

「確かに楽だ」

と、拍子抜けしているケースがほとんどだ。しがらみから解放され、心持ちも広くなり、様々な事象や感情を素直に受け止められるようになるからだろう。

何しろ、死んだ後は全部白紙になるのだから。

そういう意味では、送り出す側は、「もっと、ああすればよかった」などと気に病む必要はない。安心して故人を送ってほしい。

9　死んで「最後に残る欲」とは

さて、死後、あの世へ行く前には、基本的に「憧れの地」に行くことができる。「過去」や「未来」へ移動することは難しいだろうが、「今の時間軸」の世界であれば、理論的にはあちこちへ行けると思う。

「フランスのモン・サン・ミッシェルへ行きたい」と、もしあなたが思ったとしたら、それは可能だろう。

しかし、恐らく死を迎えると、多くの人がそんな気分にならなくなると思う。

〝名所旧跡〟より「いつもの好物」

私は、これまで除霊や降霊の現場で何百体もの霊と対話してきたが、

「ヨーロッパに行きたい」

「アイドルに会いに行きたい」

といった願望を述べる霊に、会ったことがない。親しい人への「挨拶」を除くと、**死んで残るのは「食欲」くらい**である。

だからこそ、昔から仏壇やお墓に故人の好物を供えるのだろう。

また万が一、あなたが、

「でも私は、何が何でもモン・サン・ミッシェルへ行く！」

と思いながら死んだとしても、ヨーロッパに行っている間に「光の道」に乗り切れず、現世をさまよってしまう可能性がある。だから、「行きたい」と思って

も「お迎え」の人に止められるはずだ。

あの世への「光の道」が通じるのは一度きり。逃してしまうと、よっぽどの事情がない限り、「あの世」に通じる道は閉ざされてしまうので、気をつけてほしい。

2章

「あの世」は、どんなところなのか

——成仏した後、「魂」が辿り着く世界

1 「三途の川」は、本当にある

前章では「光の道」の話をしたが、「死後の世界の入り口」として一般に想像されるのは**「三途の川」**だろう。

私が霊視したところ、「光の道」の先には川が横たわっており、死者は、ここを渡ることになる。この川こそが「三途の川」だ。

亡くなると、人は「三途の川」を渡ってあの世へ行く。仏教では「七日目に渡る」と言われているようだが、これは眉唾《まゆつば》だと思う。平均値を取れば、ひょっとしたら「七日前後」なのかもしれないが、五歳で亡くなった幼子も、五十歳で亡くなった管理職のサラリーマンも、九十九歳で亡くなったおじいちゃんも、皆「七日目に三途の川を渡る」というのは、乱暴な気もする。

人によって歩く速度が違うように、「三途の川」に到達する時間も違う、と考えるほうが妥当だろう。

「七日」というのは、一つの目安にはなるだろうが……。

また、「三途の川」という名称の由来として、「生前の行ないによって、渡り方が三通りに分かれるから」というものがあるが、これも疑問が残る。「生前の行ないの良し悪し」は、一概には決められないからだ。

ただ、「三途の川」を渡る方法は様々だ。

私は昔、「あの世」について霊視をしたことがある。

すると、まず手前に花畑があって、利根川のような長い川がゆったりと流れていて、その奥に高い山があった。

川は、深さも幅も均等ではなく、色が濃い部分もあれば、薄い部分もあり、川幅が狭い場所もあれば、広い場所もあった。

そのため、場所によっては目の前に横たわる川の幅が狭く、底が浅いため、歩いて渡る人もいれば、川幅が広く、深いため、舟で渡る必要がある人もいる。

いわゆる**「賽《さい》の河原」**と言われるような場所から川を望んでいる人もいた。

ちなみに河原には、仏画などで見るような、積み上げられた石も、石を積み上げる子どもも、積み上げた石を崩す鬼も存在しなかった。

「賽の河原」と聞いてイメージする情景は、宗教的につくられた場面だと、私は思う。

また、このように「三途の川」での人々の様子が多岐《たき》にわたるのは、「生前の行動のせい」なのかというと、そういうわけでもないと私は思う。どちらかというと、お迎えに来てくれた「案内人」の裁量によるもの、という印象を受けた。

川を渡る手法は様々で、一見しただけで渡りやすさの違いを感じたが、「川を

渡れない」という人はいないようだったので、安心してほしい。

「臨死体験者が見た風景」の共通点

さて、「臨死体験」をするような人は、「光の道」を通ることなく、いきなり川の前に通されることもあるらしい（「案内人」もいない、「光の道」もない状態でなぜ「あの世」に行けるのか、私にも正直、わからない部分が多い）。

臨死体験者が一様に、

「目の前が真っ白になったかと思ったら、美しいお花畑があった」

「その先に川があった」

と語ること、そして、

「まだ来るのは早い。川の反対方向へ向かって、帰りなさい」

などと諭《さと》す「亡くなった近親者の存在」について語ることは興味深い。

私は、「まだ早い」と、この世に引き返すように促《うなが》す人は、将来の「案内人」になる霊なのだろうと感じている。

川の向こう岸から「まだ来るんじゃない!」

私が臨死体験について極めて肯定的なのは、私の母から、「病気で意識が混濁《こんだく》した十歳の頃、臨死体験をした」と聞き、実際にその世界を霊視してみたことがあるからだ。

母の体験談だが、曰《いわ》く、生死の境をさまよっていた時、気がつくと、まるで極楽浄土の絵に描かれているような、美しい花畑の真ん中に立っていたという。

「ここはどこだろう？」

と、花畑を通り抜けると、その先に幅三十メートルほどの川が流れていたのだそうだ。

ふと川の向こう岸を見ると、なんとすでに亡くなった兄弟たちがいたのだとか。

「こっちだよー！　こっちにおいでー！」

と呼ぶので、母もなぜか、

「あとちょっとだ」

と思い、何の疑問も感じず川を渡ろうと足をつけたら、死んだ自分の父親が現われて、

「お前はまだ来るんじゃない‼」

と、怒鳴られた。

そこでトボトボと元いた花畑に向かって歩いていたら、息を吹き返したのだ、

という。

それまで見聞きしていた臨死体験者の体験談とあまりにもよく似ていることに驚き、すぐその場で母にその時の様子を透視させてもらったところ、確かにそこには母の言う通りの花畑があって、川もあった。

そんなに深い川ではなく、浅くてきれいなせせらぎのような川で、キラキラと光っていた。

思わず、

「ああ、三途の川って、こういう川なんだ」

とつぶやき、視えた景色について口にすると、

「あんた、本当に視えるの?」

と、母に驚かれた。

花畑は、赤あり、ピンクあり、黄色ありで、本当にきれいだった。

臨死体験者が必ずと言っていいほど、花畑に言及する理由もわかる気がする。あれだけ美しい光景なのだから、印象に残りやすいのだろう。

ちなみに、「三途の川」の水温だが、母からは冷たいという話は聞いていない。恐らく冷たくはなく、気持ちがよい程度なのではないかと思う。

「亡くなってすぐ行き着く場所」は、そういうところだ。

2 「あの世」に存在するコミュニティとは

さて、「三途の川」の先に広がっている世界こそ「あの世」と言われる場所だ。

「あの世」には、いくつものコミュニティが存在するらしい。

ここで、霊魂はいくつかのコミュニティに分かれて生活をすることになる。

コミュニティには、生前、自分の身内だった人や、友人知人だった人たちがいて、「お迎え」はこのコミュニティから派遣される。

だから、あの世に到着して最初に連れてこられるコミュニティは、当然あなたの「お迎え」の人が所属する場所になる。

「会いたかった人」にも「会いたくなかった人」にも再会

こうした事情から、「あの世」では、「会いたかった故人とだけ会える」というわけではない。

仲違《なかたが》いをしたまま亡くなってしまった人や、死ぬまで反《そ》りが合わなかった人たちとも再会することになるだろう。

しかし、「あの世」には生前の関係性やしがらみがない。また、仲違いをしてから、ある程度の時間が経過しているケースも多く、現世で避けていた相手と会っても、大抵は、

「あの時は悪かった」

と、笑顔で向き合えるようだ。もちろん、

「やっぱり反りが合わない」

という関係性もある。

「あの世」とはいえ、人間の魂ばかりが集まっているのだから、「合わないものは合わない」のは、当然だろう。

人によっては、生前共に過ごしていた人々が全くいないコミュニティに行ってしまう場合もあるという。しかし、その見知らぬ人に囲まれた「居心地のいい場所」で落ち着くのだ。

あの世は「居心地のいい居酒屋」のようなもの

たとえは悪いかもしれないが、コミュニティは、「自分にとって居心地のいい居酒屋」みたいなものだと思うとイメージしやすいだろう。

居酒屋を思い浮かべてほしい。

居酒屋を探して夜の街を歩いている人たちは、食事を優先する人、お酒の品揃《しなぞろ》えを重視する人、落ち着いた雰囲気を好む人、ガヤガヤと騒がしくないと落ち着

かない人など様々だ。個々の人がそれぞれ、自分の好みの店を見つけては、そこに落ち着く。

あの世でも、それと同様に、「このコミュニティは居心地がいい」と、感じた人たちばかりが集まり、多少アルコールが入ったような、フワフワとした感覚で過ごすのだから、嫌な思いをすることはまずない。

つまり、「この場所は苦手だ」と感じたら、別の店を覗くようにして、自分が落ち着きたい場所を選べるのだ。

だから、自分の母親と決定的に相性が

悪くて「二度と会いたくないほどだ」という人の場合、「あの時は、悪かった」と話し合いをすることもできる。また、口をきくのも嫌だという場合は、別のコミュニティに移動することもできる。

全ては「個人の自由」というわけだ。

「魂の世界」に貧富・貴賤の差はない？

「自分でコミュニティを選べるのなら、あの芸能一家のコミュニティに行ってみたい」

そんなふうに思う人もいるかもしれない。しかし、生前、明らかに「住む世界」が違った場合、あの世ではすれ違うこともできないだろう。

それは、「あの世は、違う階層が幾重にも重なっているから」ではない。

あの世で魂が過ごすのは、とにかくだだっ広い芝生が続き、木があり、森があり、水場もある、公園のような場所だからだ。そこに、近しい魂同士でコミュニティをつくって過ごすことになる。

とにかく広い場所なので、見ず知らずの人がどこでどうしているか、探そうにも探しようがないのだ。

たとえばあなたのコミュニティと、芸能一家のコミュニティが、距離的に福岡と東京くらい離れていたとしよう。どこにいるかもわからないのに、一つひとつ、探してまわるのは困難としか言いようがないだろう。

もちろん、「たまたま、すぐそばにいた!」ということもあるだろうが、基本的に「あの世」では、接点が全くない人が隣り合うことは、ほとんどない。

ごく普通に暮らしていた人の魂が、たまたま近くにいた「華麗なる一族」のコミュニティに入ることは、無理なのだ。

とはいえ、「華麗なる一族」のコミュニティといっても、あの世でもひときわ異彩を放っているわけではない。

「なーんだ」と拍子抜けするくらい、他のコミュニティと同じ。

つまり、**あの世では皆、一律**だ。

生前、貴族のような暮らしをしていようが、奴隷《どれい》のような暮らしをしていようが、「魂の世界」になると、何もかもが平等になってしまうからだ。

もし、憧れの芸能一家のコミュニティの様子をかいま見ることができたとしても、自分の所属するコミュニティと生活ぶりは同じで、「どうでもいいや」と感じるに違いない。

逆に言えば、何らかの特権意識を抱いていたり、エリート感情やマウンティング感情の強い人は、あの世で少しみじめな思いをするかもしれない。

現世のお金や権力、肩書、美貌も、あの世に行ってしまえば、意味を成さない、ということだ。魂は皆、同じ立場なのだ。

3 「天国」と「地獄」——選ぶのは自分自身

私は今、あの世について、自身の背後霊とコンタクトを取りながら記述している。この背後霊は、多くの人から信奉されている存在だ。

背後霊に、**閻魔《えんま》大王の存在**について聞いてみたところ、首をかしげている。

「それは嘘《うそ》くさいなあ」

と。

洋の東西、また宗教を問わず「天国」と「地獄」の存在は当たり前のように知られており、昔から多くの逸話《いつわ》が伝えられている。

しかし、私の背後霊によると、

「そもそも宗教の教えで示される『天国』と『地獄』のような場所があるわけではない。ただ、『光る場所』と『暗い場所』がある。そのことを指しているのだろう」

ということだ。

もちろん、「光る場所」とは天国、「暗い場所」とは地獄のことを意味しているのだろう。

その上で、

「〝閻魔大王による審判〟というようなものは、私から見ると存在しない。より明るく居心地のいい場所にある『光る場所』へ行くか、木が密生していたり、ジメジメしていたりする場所にある『暗い場所』へ行くかの〝振り分け〟的なものはある。

しかし、選ぶのは、神や仏といった〝超越した存在〟である第三者ではなく、あくまでも自分自身だ」
という。

自分が行くべき場所は、自分の魂が一番よく知っている

先に、魂は「自分にとって居心地のいいコミュニティに行く」と書いた。

人は死ぬと、その魂は「居心地のいい場所」に行こうとする。

貧富や老若、美醜の概念がなくなるから、**自分と性質の近しい魂と寄り添おうとする**のだ。

こうした事情もあって、魂の多くは、自分のご先祖さまたちと同じコミュニティに行く。

さらに、生前、善行を積んできた魂は、明るい場所、清涼な場所を好む。ほどほどによい行ないをしてきた魂は、ほどほどに明るく、ほどほどにきれいな場所を選ぶ。

しかし、悪事を楽しむようにくり返してきた魂は、それらの環境を好まない。人を殺したり、だましたり、傷つけたり、泣かせたりと、悪いことをしてきた魂にとっては、明るい場所になればなるほど、居心地が悪いのだ。

こうした悪事を重ねてきた魂は、たとえ明るい場所にあるコミュニティに、「混ぜてほしい」

とお願いして入り込めたとしても、結局は「居心地の悪さ」に出ていくことになる。それだけ、「むき出し」の存在になるということでもあるのだろう。

結果、薄暗く、汚れた場所にあるコミュニティを選び、そこに居着く。

自分が行くべき場所は、自分の魂が一番よく知っている。閻魔大王による審判は、そもそも必要ないのだ。

悔い改めても、「居場所」がない人

では、「あの世」で明るい場所に行くためにはどうすればいいのか。

最もいい方法は、「生前の行ないをよくすること」だ。そして今、客観的に見て自身の行ないが褒《ほ》められたものではない、後ろ暗いと感じるというのであれば、一刻も早く行ないを改めたほうがいい。

そういう意味では、宗教で教えられる「悔《く》い改めよ」は間違いではないのだろう。

しかし、人を殺《あや》めたり、自分の欲を満たすために誰かの人生を狂わせたり、人の幸せを潰《つぶ》したりしてきたような人であっても、

「改心しました」

と、お経を唱えたり、全財産を寄進《きしん》したりすれば、浄土に行けるという教義に関しては、私は否定的な立場を取っている。

「自分の欲望を満たすためだったら、人のことはどうでもいい」とばかりに生きてきた魂が、仮に明るい場所に行けたとしても、**「居場所がない」**と思うのだ。

4

人からもらった「ありがとうの量」が〝魂の行き先〟を決める

前項で書いたように、世間的に「行ないのよかった人たち」は、明るい場所へ行く。

この**「行ないのよかった人」を振り分ける基準は、他者からもらった「ありがとう」の量**であるようだ。

職業上、日頃から「ありがとう」と言われている人たちは、結果的には、より「明るい場所」へ行くことになるだろう。

すでにあの世に行っている魂が、

「あの時は、お世話になりました」

と、わざわざお礼を言いに来たり、

「こちらに、いらっしゃいよ」

と、よりよい場所へと案内してくれることもあるらしい。この「よりよい場所」こそが、俗《ぞく》に言う「天国」なのかもしれない。


ひと頃、山口県周防大島町《すおうおおしまちょう》で行方不明になった男の子を見つけ出した「スーパーボランティアおじさん」が話題になった。

この世においては、この男性は人も羨《うらや》むような富や地位とは縁遠かったかもしれない。

しかし、「ありがとう」の思いをたくさんの人から受けているわけだから、あの世では恐らくヒーローだろう。

「日頃の行ない」と〝魂の輝き〟というリンク

普段から「ありがとう」という言葉をよく受けている職業と聞いて、まっ先に思い浮かぶのはどのようなものだろうか。

多くの人は、医療や福祉、教育、サービス業などに従事している人たちを想像するだろう。

しかし、そうした職業の人が例外なく「明るい場所」へ行けるかというと、一概にそうとは言えない。ここでも**「日頃の心がけ」**がからんでくるからだ。

「給料」や自身の「実績」目当てで働いている人と、「誰かの力になりたい」と真心を尽くしている人とでは、「ありがとう」の量も質も違うことは、考えなくてもおわかりになるだろう。

そういうことを考えると、人と密接に関わり、助けるような仕事をしていなくても、「天国」に行くことはできる。

農業や漁業、製造業に従事する人、事務職に就いている人も、家庭で家事や育児や介護をがんばっている人も、皆同じだ。毎日の生活の中で、心を込めて誰かのために行動し、そのことによって人から「ありがとう」と思われるだけで魂は輝く。

また、日々の暮らしの中でも、年に一回は募金をするとか、道路に落ちているゴミを拾うとか、その程度でも魂はきっと輝きを増すはずだ。

また、自分から誰かに「ありがとう」という気持ちを持つことも、明るい世界へ行くための重要な要素だ。

「ラブ&ピース」という言葉を聞いたことがあるだろう。

この言葉に表わされるような「博愛の精神」も、魂を輝かせるための非常に大切な要素だと思う。

「必要悪」を引き受けた人の魂はどこへ行く？

では、清濁《せいだく》併せ持った職業の人はどうだろうか。

これは、その人がどのような功績を残したかにもよると思う。

たとえば、政治家は顔が詐欺師の顔に一番近いといわれている。実際、見るからに詐欺師のような政治家もいる（笑）。

しかし、「必要悪」という言葉があるように、「誰かのために」一般的に言うところの「悪」を行なうしかなかった、という場合は、相殺《そうさい》されるのではないだろうか。

「日本列島改造論」をぶち上げた昭和の「今太閤《いまたいこう》」、**田中角栄**などは最たる例だ。ロッキード事件で起訴されるなど、彼は私利私欲に走りがちな人だったが、日本をよりよい方向へと改革していった功労者でもある。

「角栄さん、ありがとう」

と感じた国民が、どれだけ多かったことか。

太平洋戦争終結後、日本の復興に力を尽くした吉田茂も同様だ。反感を抱いた人も少なくはなかっただろうが、彼らはある程度の「日本の土台」をつくった人たちだと言える。

こうなってくると、

「悪いことをしたから暗い世界」

と、単純に割り振られることはないと思う。

そもそも彼らのエネルギーが人並みはずれていたからこそ、「日本の根幹をつくる」という大仕事に成功したのだ。

ちなみに私は以前、田中角栄の魂が「あの世」でどのように過ごしているかを霊視したことがある。

彼はひときわ明るい世界で、のんびりしていた。

5 魂にとって最も酷な世界――「孤独な暗黒」

では、「暗い世界」へもぐり込んでしまうのは、どういう人たちか。

これは、人を殺したり、だまして泣かせたり、苦しめたりして、恨《うら》みを抱かれるような人たちだ。

この世でこうした所業《しょぎょう》を重ねてきた魂は、「あの世に来られただけでも儲《もう》けもの」だと思うべきだろう。というのも、「あの世」に来ることすらできず、「この世」をさまよい続ける魂も多いからだ。

「あの世」になかなか行けない霊はたくさんいる。その原因はズバリ**「欲」**だ。

事故など、突然、亡くなったことが原因でさまよう霊たちも、根幹にあるのは「生きたい」という「欲」なのだ。

目をギラギラさせながら、さまよっている霊

昔、雑誌の企画で、死刑になった殺人犯の霊がどこにいるか、霊視を依頼されたことがあった。

「視るまでもないけどな」

と思いつつ、霊視をしたところ、案の定《じょう》、その霊は処刑場にいた。

この霊には「お迎え」も「光の道」も来なかったはずだ。だから、そうして現世に残っているのは、当然の結果だろう。

それ以前に、この殺人犯は、金銭目的で人を殺し続けた経緯もあり、霊体になってもなお、

「オレの金は？　今、オレの金はどこにあるんだ？」

と、目をギラギラさせながら、さまよっていた。恐らく、私が除霊しようとしても、全く耳を貸さないだろう。

処刑場には、こうした霊がうようよいた。

たとえ犯罪が発覚しなくても、お金に対する執着から時には人を死に追いやるような人は、その「金銭欲」から、あの世へ行くことはできない。

色恋沙汰《いろこいざた》で人を死に追いやったり、自殺したりしたような人も、「色欲」に縛《しば》られてあの世へは行けない。

また、カルト宗教の教祖のような、偶像化され崇《あが》められることに快感を覚えるような存在も、「名誉欲」からあの世へは行けないのだ。

肉体も時間の観念もなく、「欲」のみに縛られてこの世をさまよい続けるのは、まさに孤独だろう。暗闇の世界だ。

ひょっとしたらこれこそが、宗教でいう「地獄」なのかもしれない。

私は、一番つらいのは「あの世に行けないこと」だと思っている。

だから、私は日々、除霊をするのだ。

「恨みの念」にからめ取られている霊の末路

さて、死ぬまでになんとか「欲」を浄化させ、改心し、天寿をまっとうしたとしても、誰かの「恨《うら》みの念」にとらわれて「あの世」へ行けないケースもある。

この間、新宿を歩いていて、たまたますれ違った人がふっと気になり、振り返ったところ、なんと背後に血まみれの男性がくっついていた。

「あ、この人、人を殺したんだ」

と即座に思った。耳にピアスをつけ、腕にはオシャレなタトゥーを入れていたが、一見どこにでもいる普通の若い男性だった。

しかし、取り憑《つ》いた霊の様子を見るに、恐らくその男性はかつてチンピラ系の人を殺したことがあるのだろう。

彼の場合は、たとえ天寿をまっとうしたとしても、憑いた霊体に引きずられるようにして、この世をさまようことになるだろう。

自らが手を下したわけではなくとも、誰かを自殺に追い込んだ場合にも、あの世へ行くことはできない。こうした場合、取り憑いてきた相手と、この世をさまようことになる。


さほど欲もなく、誰からの恨みも受けていなくても、「あの世」に行けない例外もある。ひきこもりと呼ばれている人たちだ。彼らは、亡くなるとその家にずーっと憑いて住み続けることになる。

彼らが使っていたものを処分して、部屋を掃除して、家族が引っ越したとしても、変わらずその場に憑き続けるだろう。

たとえ天寿をまっとうしたとしても、その部屋だけが、彼らの世界の全てだからだ。

「お迎え」が来たとしても、ついて行かないだろうし、そもそものような状態では生前から「生きていない」のも同然だから、「死んだ」という意識もないのではないだろうか。

ひきこもりは、ここ十数年で世間の注目が集まるようになった社会問題だから、私はまだ、そういう霊を除霊したことがない。だから確定的なことは言えないが、今後こうしたケースは徐々に出てくるだろうと思っている。

6 あの世での「姿形」はどうなっている?

さて、あの世では、一体どのような姿で過ごすことになるのだろうか。

まず服装はというと、生前、よく着用していたり、一番気に入っていたりした服を身につけている。

「何歳頃の姿になるのか」を気にしている方もいるだろう。あの世では、ほとんどの人は死んだ時の年齢の姿でいるようだ。

ただ、没年が高齢の人でも、「若い頃の姿」になることがある。

「若返りたい」

という気持ちもあるのだろうが、自らの中にある「自分のイメージ」がその若い頃の姿なのだろう。

〝テレパシー〟でお互いを感じ取る

このように、あの世では、本人が願えば、なりたい年齢の姿になれる。また、乳幼児のうちに亡くなった魂が、成人の姿をしていることもある。

「じゃあ、死後、あの世のコミュニティに行った時、幼くして亡くした子どもや、私が小さい頃に亡くなったおばあちゃんの見分けはつくの？」

と思われるかもしれないが、心配することはない。面影があるし、何よりもテレパシーのようなもので、パッと感じ取ることが可能だからだ。

さて、あの世のコミュニティについてよく、何人くらいいるのか、どのような言葉が話されているのか、また住居はどんなものか、などなど細かく聞かれるこ

とがある。その度《たび》に私は、

「それを知ってどうするの？」

と、答えている。

というのも、「この世での生き方」によって、こうした質問の答えはどうにでも変わる可能性があるからだ。

つまり、「こんな暮らしで、こういう生活をしている人はこう」というパターンがあるわけではない。そこには、個人の価値観によって様々な暮らしがある。

「でも、どうしても知りたい！」

という方は、私のところに直接来てほしい。

霊視をして、視てさしあげよう。

7 神仏と人の魂は「住む世界」が違う

特定の宗教に深い信仰を捧げている人の中には、「死後の世界」で神さまや仏さまに会える、と信じている人もいるだろう。

だが、「あの世」でそうした存在（エネルギー体）に会えるかどうかには、個人差がある。

しかし、大半の人には、そうした「信仰の対象」と会える可能性は、残念ながらほとんどない。

こうした存在は、普通の人の魂とは「住む世界が違う」のだ。

キリスト教や仏教などの宗教画では、よく神や仏が金色に包まれた華やかな場所を背景に描かれている。だが、実際には「信仰の対象」になるような存在は、こうした〝きらびやかな場所〟にいるわけでもないようだ。

私が霊視し、また背後霊にも聞いてみたところ、「信仰の対象」になるような存在は、のんびりとした、自然の多い、ひなびた温泉のような場所にいる。そこには清涼な空気が満ち、穏やかな時間が流れている。

対して、普通の人たちが過ごすのは、先に紹介したが、人でいっぱいの公園のような場所だ。

この世に当てはめてみると、信仰の対象になる存在は田舎で過ごし、普通の人たちは都心部の公園で暮らしていると言い換えられるかもしれない。「信仰の対象」になる存在が、あえて「都心部」にいることもあるらしいが、可能性はさほど高くないようだ。

「あの世」で親族・知人に再会できない時は……

基本的に、親族や知人以外の人を探すことは実に難しい。なんといっても、広大な場所にたくさんの魂がいるからである。

しかし、歴史上の人物や、誰もが知る有名人の場合は、うまくいけば「見る」ことはできなくはないかもしれない。

というのも、知り合いが多い人はそれだけ、コミュニティも大きい可能性があるからだ。

とはいっても、「あの世」でのことに、あまり期待しないほうがいいだろう。有名人などの「あこがれの人」には、生前のほうが会いやすいと思ったほうがいい。

この世であれば、いつ、どこで意中の有名人がイベントをするか、すぐに調べることができるし、イベントに参加すれば遠くからではあっても「本物」を見ることができる。

また、講演会に出席したり、ライブに行ったりすれば、生の声を聞くこともできる。

「あの世」では、それすら困難だ。


ちなみに、死後の世界に無事到着し、親兄弟、親類、縁者、友人や知人などに会いたいと、自分がよく知る人たちのコミュニティに向かったとしても、必ず会えるとは限らない。

「ああ、彼女、生まれ変わったよ」

なんてことも、大いにあり得る。なぜなら、人によって人生の長さも、あの世にいられる長さも、存在意義も違うからだ。

積み上げた「徳」はあなどれない

さて、理論的には、あの世に早く行けば、生まれ変わりもその分早いと思って差し支えない。だが、

「今世《こんせ》の自分の境遇が気にくわないので、早く生まれ変わろう」

とは間違っても思わないでほしい。一章に書いた通り、天寿をまっとうしない形で命を終えると、この世をさまよい続け、「生まれ変わる」ことさえ、ままならなくなるからだ。

ちなみに、あの世にい続ける長さは、この世で生きた長さも関係する。

そして、**その人が積んだ「徳」**も、大きく影響する。

徳をたくさん積んだ人は、あの世での自身の希望や要求も確実に通るだろう。

つまり、すぐに転生《てんせい》する（生まれ変わる）ことも、逆に転生を拒み続けることも

可能になる。どこに転生するかの融通すら、きかせてもらえるに違いない。

しかし、人を泣かせたり、だましたりしてきた人の要望は、なかなか通してもらえない。

私は特に信仰する宗教を持っているわけではないが、こうした「あの世の仕組み」を見るに、宗教で説かれる「殺すな、盗むな、人の嫌がることはするな」といった「日頃の行ない」についての教えは、ある意味、正しいと思う。

8 死後に「祟るエネルギー」のある人、ない人

今、誰か憎い人がいて、「死んだら怨霊《おんりょう》になって、あいつに祟《たた》ってやる」などという〝穏やかでない感情〟を持ったことがある人も、読者の中にはいるかもしれない。

一般に、地位が高い人であればあるほど、祟りのパワーは強い。「潜在エネルギー」とでも言えばいいだろうか、平将門《たいらのまさかど》や崇徳《すとく》天皇などがいい例だが、その人が持つ、もともとの力によって祟りのパワーの強さも決まるのだ。

だから、一般の人が将門のように、

「日本を祟ってやる‼」

と、いくら強い憎しみを持って、呪《のろ》いの言葉を吐《は》きながら亡くなったとしても、さほどの効力はない。

また、見ず知らずの相手に祟ることもできない。

知人の場合であれば、〝プラシーボ効果〟レベルの若干の影響はあるかもしれないが、特に天寿をまっとうした人の場合は、背後霊ほどのパワーしかない。

誰かに取り憑こうとしても、その人の背後霊にはじかれてしまうだろう。

しかし、誰かに殺されたり、特定の人

が原因で自殺したという場合は、相手のエネルギーが弱かったり、相手が負のエネルギーに侵《おか》されているなら、祟ることは難しいが、取り憑くことは可能だ。

しかし、相手が強大なエネルギーの持ち主の場合は、相手にすらしてもらえないだろう。

これまで歴史上に独裁者は幾人もいたし、今も規模の大小を問わず、非人道的な行為を行なう人物や団体があるが、祟られている様子はあるだろうか？　私は、そんなものは見たことがない。

このように「自分の命と引き換えにしてでも祟る」ということは、非常に難しいものなのだ。

手強い「恋愛がらみの怨霊」

しかし恐ろしいのは、「恋愛のもつれ」だ。特に、肉体的な接触を持ってしまっている場合は要注意だ。相手との間に「魂のパイプ」のようなものができてしまい、相手の怨霊を自身の背後霊がはじくことが難しくなるのだ。

私の経験上、恋愛がからむトラブルほど、男性も女性もこちらの忠告に耳を貸さない傾向があるように思うが、「誰と関係を持つか」には、よくよく気をつけることだ。

実際、つき合っていた女性が「私と結婚してくれないのなら、死んでやる」と自殺をしてしまい、

「霊障《れいしょう》（悪霊《あくりょう》によるわざわい）に悩まされています」

ということで依頼を受けることがある。

が、こうした霊は説得をするぐらいでは、まず祓《はら》うことはできないのが現実だ。

もちろん、私のような霊能者に依頼してくれたら、金色のオーラを出して即刻祓ってしまうが、よくよく吟味して「本物の霊能者」に依頼をしないと、霊障によって確実に人生を台なしにされてしまうだろう。

会社員からAV女優に転落、そして――

恋愛がからむトラブルといえば、こんなケースがある。

ある時、A子さんという女性が、

「Bというホストにハマっていて、お金がかかります。どうしたら金運が上がるでしょうか。彼を独占できるでしょうか」

と、相談してきた。

彼女はもともとは一般企業に勤務する会社員だった。しかし、ストレス解消を目的にフラリと立ち寄ったホストクラブで、Bに一目惚《ぼ》れする。

だが、所詮《しょせん》は普通の会社員、収入にも限りがあり、すぐにBに貢《みつ》ぐ資金が尽きてしまう。

運の悪いことに、BをめぐるA子さんのライバルはお金持ちの女性だった。

そこで、A子さんは会社員をしながら夜、水商売の世界でアルバイトを始め、風俗店へ移り、アダルトビデオにも出演したという。

慣れない仕事を重ね、心身ともにボロボロの様子で、

「Bは私だけが好きだと言ってくれるのですが、信じられない。夜、頭が痛くて眠れない。おかしくなっているかもしれない。でも誰にも負けたくない」

と言って、恋愛運を上げてほしいと、切々と訴えてくるのだ。

どう視ても、彼女に明るい未来はなかった。

「Bはやめておいたほうがいいよ。そのホストクラブにも近づかないほうがいい。あなたは、このままいったら自殺するよ。全部捨てて地元に帰らないと大変なことになる」

としつこく忠告したのだが、

「私がいなくなったら、Bはどうなるの？」

と、彼女はヒステリックに叫んで、私の事務所から飛び出していってしまった。

彼女はその後、自殺してしまったのではないかと思う。霊視したところ、すでに

Bには別の女性の霊が憑いていたからだ。

恐らくBは、肉体関係を持つことで、客をつなぎ止めるタイプの人間だったのだろう。そして、典型的な「サゲマン」であるようにも思う。そのため、関係を持った人は、次々に不幸になり、最悪の場合「死」を選ぶ。そして、自分を死に追いやった原因であるにもかかわらず、Bに執着し、取り憑く。

たとえBがホストから足を洗って、本当に好きな人と結婚したとしても、やはり奥さんは不幸になると思う。「サゲマン」であることも大きいが、取り憑いた女性たちの霊が、Bが他の女性と幸せになることを許さないからだ。

ホストクラブのトイレに現われる「赤い服のセミロングの女」

しかし、裏を返せば、肉体関係にならなければ、取り憑かれないということもままある。夜の街にまつわる、別のケースを紹介しよう。

ある若い女性が、

「私、幽霊に取り憑かれていませんか？」

と、私の事務所を訪ねてきた。

「何も憑いていませんよ」

と話すと、

「よかったあ」

と、こんな話をしてくれた。


実はこの女性は、Cというホストにハマっていた。

ある夜、Cのいるホストクラブに行き、トイレでメイクを直していると、背後に気配を感じた。振り向くと、赤い服を着たセミロングヘアの女が立っている。

しかし、鏡を見ても自分が映っているだけ。背後にいた赤い服の女は映っていなかったのだ。

「キャー‼」

と叫ぶと、何人かのホストが、

「どうしたんですか？」

と駆けつけてきてくれた。

「赤い服を着た、セミロングの女がいたの、でも消えちゃったの」

と話すと、その場にいた全員がだまり込んでしまったのだという。

実は、この赤い服のセミロングの女性は、Cのお客さんだった。毎晩やって来ては、Cに一生懸命貢いでいたのだが、どうしてもお金が続かず、ついにこのトイレで自殺をしてしまったそうだ。

それからというもの、Cのお客さんに限って、この女性の幽霊を視るのだという。

恐らくCは、自殺したお客さんと肉体関係を持っていなかったのだろう。だから、自殺した女性の幽霊はC本人には憑かず、お店に現われるようになったのだ。

ちなみに相談してきた女性は、

「本当に、いろいろな意味で恐い体験でした。もうホストはこりごりです」

と、何度も頭を下げ、帰っていった。

こうした例は、夜の街においては珍しくない。

水商売系のお店で、私は何度もこうした霊を除霊している。いずれも、ホストやホステスとは深い仲にはなっておらず、相手とお店だけで会う関係だったケースだ。

こうした場合、その場所に違うお店が入っても、霊体だけが残されてしまう。

ストーカーの霊は「部屋」に憑く

そういえば、若い女性から、

「私にストーキング行為をしていた人が事故死をし、安心していたのですが、霊体になって、また私のところにやって来ている気がします。助けてください」

と、相談を受けたこともある。

ところが、いざ視てみると、実際に霊が憑いていたのは「彼女が住んでいた部屋」だった。ストーカーの霊としては女性に憑くつもりだったのだろうが、一方的に好意を寄せていただけで接触もなかったため、場所に憑いてしまったのだろう。

幸い、女性は引っ越しを考えていたので、そうすることを勧め、実際に住まいを替えると、霊障だと感じていた事象がパタリとやんだそうだ。

では、彼女が元いた部屋は……どうなったかはわからない。今も、誰かが霊障に悩まされながら住んでいるかもしれない。

余談だが、私が「祟り神」になったら、祓うのがめちゃくちゃ大変だろう。

私自身が祓う側の人間なので、相手の〝手の内〟がわかってしまうからだ。

3章

「あの世」と「この世」のつなぎ方

――彼岸からの声を聞くには?

1

「お墓」についての私の考え

近年取り沙汰されている問題に、「お墓」に関するものがある。

「お墓がとにかく高価だ」

「田舎に納骨したとしても、墓参りに行けない」

と、中には家にずっと骨壺《こつつぼ》を置いておいたり、自宅の庭に散骨をしたりする人もいるようだが、私は反対だ。

やはり、お骨はお墓に納めるべきだろう。

宗教的な概念というよりは、霊能者としての観点からだ。

生者と死者の空間は分けるべきである。

散骨で庭が「マイナススポット」に

最近、知り合いの会社社長が亡くなった。

家が結構大きな屋敷で、会社社長自身がその屋敷の庭にこだわっていたこともあり、奥さんは彼が好きだったその庭の、とある区画に散骨をしたそうだ。

それを後から聞いて、「やってしまったなあ」と思った。

庭に散骨するのは、「墓地の上に家を建てるようなもの」で、あまりお勧めできることではない。亡くなった人も「まだ生きている」ような気持ちになり、「念」がいつまでもその場に残ってしまう。

結果、庭自体がマイナススポットに変化してしまうのだ。

また、奥さんのエネルギーも、あの世に引きずられてしまう。

奥さんの死後、相続した人のことを考えても、やはり庭に散骨するのは賢明な行為だとは思えない。

昔からの伝統は、それなりの理由があるからこそ今につながっているのだ。死んだら魂は「あの世」へ向かうのが一番いいように、亡骸もまた、墓地に納めるのがいい。

マイナスのエネルギーを発する遺骨は、生きている人の生活の場にあると、生きている人に確実に災いをもたらすだろう。

ここでふと、疑問に思う人がいるかもしれない。

「じゃあ、最近よく聞く、遺骨をダイヤモンドにするというサービスはどうなの？」

と。この場合、遺骨を別の物質に変化させることによって、マイナスエネルギーは削《そ》ぎ落とされる。そして、エネルギーだけが濃縮される。

なぜ、そんなことが言い切れるのかというと、**「遺骨ダイヤモンド」**の話を聞

いた時に、

「私が死んだら、遺骨をダイヤモンドに加工させ、子どもたちのお守りにしてもらおう」

と、即座に感じたからだ。

私の背後霊たちに聞いても、極めて肯定的だった。

「遺骨ダイヤモンド」には抵抗があるという人は、**「遺髪」**もマイナスエネルギーを発することがないのでお勧めだ。なぜ「遺骨」はダメで「遺髪」はよいのか。それは、髪は「生気《せいき》」や「感性」を宿す部位だからだ。

「いつも亡くなった主人のそばにいたい」

と思うなら、遺骨をそばに置くよりも、遺髪を一房、切り取っておき、仏壇に飾っておくなどすることをお勧めしたい。

その際は、できれば通気性のいい布袋に入れて保管してほしい。紙やビニール製の袋はＮＧだ。お守りのようにして持ち運ぶのもいい。

そして自分が死んだ時に、一緒に棺桶《かんおけ》に入れてもらえるように頼んでおけば、それでいいと思う。

「海での散骨」よりも「樹木葬」

散骨も海ならまだマシかなとは思うが、「マシだ」という程度でお勧めはしない。海に撒《ま》いてしまうと、遺骨はひとところに定まらないからだ。

といっても、「生きている人に及ぼすマイナスの影響が低い」という点においては、最悪の選択というわけではない。

ただ、東京湾で散骨を執り行なっている業者に聞くと、東京湾では「散骨をしてよい場所」が決められているのだそうだ。

その人は、

「どう見てもきれいな海じゃない。私ならあんなところに撒かれるのは嫌だ」

と言っていた。散骨をしているほうも、汚れた海に撒くのはあまり気持ちのい

いものではないという。

くり返しになるが、散骨は生者にとっては悪くない選択だろう。しかし、死者にふさわしい環境かと考えると、疑問が残る。

散骨をするくらいなら、私がお勧めするのは**樹木葬**だ。

ただ、樹木葬ならなんでもいいというわけではない。

「故人のためにつくられた敷地内」、つまり、樹木葬のためのエリアを持つ、専門の業者に任せるとよいだろう。

2
「お盆」にご先祖さまとアクセスする方法

お盆になると、生前に自分が住んでいた家に、ご先祖さまの霊が帰ってくる。

もし自宅を手放し、引っ越しなどをしているなら、「お位牌《いはい》が安置されている場所」に戻ることとなるだろう。


「実家の両親と仲が悪いので、お盆に帰省をしたくありません。でも、今年亡くなったおじいちゃんにお線香は上げたい。実家に帰らないといけませんか？」

と聞かれたことがある。

また、お仏壇を守る方との人間関係がよくても、仕事のスケジュールがやりくりできず、お盆に帰省ができない人もたくさんいるだろう。

「お線香一本」でも気持ちは伝わる

しかし、安心してほしい。

お盆になり、この世に一旦来てしまえば、霊体はあちこちをフラフラする。わざわざ帰省をしなくても、霊体のカケラは背後霊として、血のつながった人々についている。カケラを媒介のようにして、「会いたい」と思えば、すぐやって来てくれるだろう。

だから、故人にお線香を上げたいのであれば、場所にこだわる必要はない。

今、自分が住んでいる家の静かな場所に、故人の好物を供え、お線香を上げるスペースをつくって、

「おじいちゃん、私のところにも来てね、おばあちゃんも来てね」

「おじいちゃん、私は元気にしているよ」

と心の中で呼べば来るし、メッセージも伝わるだろうと思う。

霊もこの世に来てしまえば、どんなに距離が離れていても、その辺を散歩するくらいの気軽さで顔を出してくれるだろう。

霊が「優先的に行く場所」は?

私の知り合いに、

「次男だけど、オレが家を継いだんだから、うちが本家」

「家業は継いでないけど、オレが長男なんだから、うちが本家。お前は分家」

という調子でしょっちゅう喧嘩《けんか》している、仲が悪い男兄弟がいる。彼らは、それぞれがお盆の用意をしているらしい。

霊はもともと故人が住んでいた家に優先的に行く。家がなければ、お位牌のところに帰ることになる。

だから、次男が先祖代々が暮らしてきた家に住み、お墓やお仏壇を守っているのなら、先祖の霊たちは、まずは次男の家に行くだろう。

それでも、お盆のお迎えがあるのなら、霊は長男の家にもちゃんと顔を出す。だから、家を継いでいないことについてご先祖さまに引け目を感じている人がいたら、安心してほしい。

〝迎え火〟を焚く本当の意味

このように、霊はどこにでも顔を出してくれるとはいえ、

「故人は生前に〝高野山《こうやさん》に行きたい〟と言っていた。だから、お盆はお位牌を高野山に持って行き、迎え火を焚《た》いて故人を迎えたい」

などと計画を立てているとしたら、それは考え直したほうがいい。

理屈で言えば、霊のほうは「おっ、今年は高野山で呼んでくれたか」と来るかもしれないが……。お盆の趣旨《しゅし》からそれてしまう。

「亡くなった父親が『死ぬまでに富士山に登りたかった』と言っていたので、位牌を持って、がんばって登りました」

というような話を耳にすることがある。もちろん、この行動に意味がないわけではない。故人もきっと喜ぶだろう。

ただ、富士山で迎え火を焚くとなると違うのではないかと思う。

理屈としては、富士山で霊を迎えることも可能だが、やはり、迎え火は、

「私の自宅にお客さま（霊）を迎える準備ができました。帰ってきてください」

という合図である、というのが基本の考え方だ。

もし、故人の思い入れがあった地で故人を偲《しの》びたいのであれば、故人の写真やお位牌を持参し、故人のことを思うだけで十分だろうと思う。

「故人が写真が嫌いで、写りが悪いから」と、遺影をイラストにしたというケースをたまに耳にするが、たとえ小さくても写真のほうが効果がある。故人のエネルギーが残っているからだ。

写真は対象物のパワーも写し込む。私がパワースポットに行くと必ずその場の写真を撮るのは、そのためだ。

ちなみに、有名な寺院で仏像のフィギュアが売られていることがあるが、フィギュアには全くと言っていいほどパワーはない。

それよりは、仏像の写真の絵はがきのほうが、パワーという意味では効果があると思っていい。

「ちょっと早いお盆」でも問題はない

また、仏壇やお位牌を守っている家の人たちが、お盆の時期に一家揃って海外旅行などに行ってしまうこともあるだろう。

するとあの世から戻ってきたご先祖さまの霊たちが、

「誰もいないなあ」

と、困惑してしまう、ということはままある。

しかし、「だから、お盆は旅行を控えましょう」という話ではない。もし、お盆期間中に海外に遊びに行く予定があるのなら、出国前の時間のある時に迎え火を焚くというのも、ひとつの方法だろう。

迎え火は、「帰ってきていいよ」の合図だ。

心の中で、

「ちょっと早いけれど、お盆をさせてください」

と念じれば、

「あ、今年はもう行っていいんだ」

と、霊たちも安心してこの世に来て、家族の顔を見ることができる。そして、この世を楽しんで、あの世に帰っていってくれる。

もちろん、迎え火を焚くのはお盆の後、帰国後でもかまわないが、お盆を過ぎると霊を迎えるために必要とされる盆飾りやお供えが、スーパーなどの売り場から姿を消してしまう。

また、あなたなら毎年楽しみにしているイベントを、前倒しでやってもらえるのと、後回しにされるのと、どちらがいいだろうか。

そう考えると、やはりご先祖さまをお迎えするのは、お盆の時期がベストだろうと思う。

難しそうなら、「前倒し」を検討してみてほしい。

3
「お墓参り」より大事なこと

春と秋の「お彼岸《ひがん》」には、お墓参りをして故人を偲ぶのが一般的だが、お墓は「人の燃えがら」しか入っていない。背後霊程度のカケラ、つまり微力なエネルギー程度は残っているかもしれないが、霊そのものがいるわけではない。

だから、私はお墓にはほとんど行かない。

「人の燃えがら」を安置する特定の場所は、もちろん必要だ。しかし、だからといって「燃えがら」に会いに、仕事や用事で多忙を極める中、疲労をおしてまで行く必要はないと思う。

それよりも、仏壇のお位牌を大切にしたほうがいい。こちらのほうがより強い「エネルギー」が感じられるからだ。

たまに、「仕事がうまくいっていない」「体調に不安を抱えている」「人間関係でトラブルに見舞われている」という悩み相談に対して、

「先祖供養をちゃんとしていないからだ」

「お墓参りしたほうがいい」

というアドバイスをする人がいるが、実のところお墓をどう扱おうと、故人は何とも思っていない。

お墓が荒れ放題になっているのを気にするのは、「あの世」にいる人々というよりは「この世」に生きている側だろう。

では、お彼岸の時期は、どう過ごしたらいいのか。

故人を偲んで、心の中で手を合わせる程度でいいと思う。

ご先祖さまに何かを念じたいなら、仏壇に、なければテーブルに故人の好物を置き、

「がんばりますので、見守ってください」

と手を合わせる程度で十分だ。もちろん、お墓で念じてもかまわないが、お参りにかかる労力に見合う加護は得られないと思う。

忙しければ、「手を合わせるだけ」でもいい

ただ、「行きたいのに、現実問題として墓参りに行けない」ことを、気に病む人は少なくない。

そして、

「お彼岸にお墓参りをしていないから、最近運が悪いのでしょうか?」

と、私のところに相談に来る人がたまにいる。

「お墓参りをしていないこと」を気に病むくらいなら、故人の好物を用意して、

家で手を合わせること。

好物がわからないなら、おはぎを用意すれば十分だろう。

お彼岸というわかりやすいタイミングで、ひと時ご先祖さまを思って手を合わせていれば、いざという時、ご先祖さまから何らかのメッセージを受け取ることができるだろう。

先祖代々の墓の「墓じまい」について

さて、比較的、お金と時間に余裕のある高齢者に多いのが、

「今は、東京の息子のところで世話になっているが、実家のお墓は広島にある。行きたいけれど、体力的に難しい。だから、お墓参りの代行サービスを頼み、相応のお金を払っている」

というようなケースだ。私も、何人もこういう人を知っている。

「そんなことにお金を使わなくても、今いる場所で手を合わせればいいし、お墓

が荒れるのが心配なら、墓じまいをして、自分の住んでいるところの近くに移してしまえばいいのに」

とアドバイスしても、

「先祖代々のものだから」

と、そこは譲《ゆず》れないようだ。

確かに、

「ご先祖さまも、住み慣れた広島の地にお墓があったほうがいいだろう」

と、思う気持ちはわかる。しかし、子孫が誰も訪れず、忘れ去られてしまうようでは、本末転倒だ。

きちんと墓じまいをして、今流行《はや》りのマンションタイプやカードタイプのものを新たに選び、お参りする側に無理のない場所で供養するほうが数倍もいいと思う。

一族がお墓のそばで暮らしていた昔とは、ライフスタイルが違うのだ。

「骨壺」が招く不思議なトラブル

「じゃあ、いっそのこと家に骨壺を置いて供養すればいいじゃないか」

と、思う人もいるだろう。しかし、前にも書いた通り「死者」と「生者」の空間はきちんと分けるべきだ。実際、

「お墓が地方にあるので、夫のお骨はまだ、お仏壇です。でも、最近、なんだか体調が悪くて……」

と、霊障に悩まされていた知人を何人も知っている。

家の中に遺骨を安置すると、遺骨の主との関係性はどうであれ、ほとんどの人が何らかの不可思議なトラブルを抱えることになる。

お骨を置いておくと、死者が家を「自分のもの」と錯覚してしまうのだ。

そうした家に私が実際に出向き、「マイナススポット」と化した空間を「プラススポット」に変えると、トラブルがスッと消え、「ありがとうございました」

と頭を下げられる。

この、「空間をプラススポットに変える方法」だが、私はまず、**「除湿器をかけ、生花を飾る」**という方法をお勧めしている。霊は「電磁波」と「湿気」でできているため、除湿器をかけると霊のパワーが弱まる。また「生花を飾る」のは、花の生気《せいき》を部屋に満たすことで、空間のエネルギーが高まるからだ。

以前、高齢の女性から、

「主人が亡くなってから、夜になると仏壇のあたりから、泣き声や笑い声が聞こえてきたり、モノが動いたりすることがあるんです」

という相談を受けたことがある。よくよく話を聞くと、三年ほど、仏壇に遺骨を置きっぱなしにしているという。明らかに霊障だ。ちょうどその頃、仕事が立て込んでいたこともあり、私がすぐに除霊に向かうことができなかったので、

「では、私の都合がつくまで、毎日部屋に除湿器をかけて、できるだけ生花を絶やさないようにしてください」

と、お願いをした。

女性によると、夜中の二時頃になると、不思議なことに必ず除湿器がウインウインと大きな音を立てる。そうしているうちに、次第に霊障を感じることがなくなったという。その後、私が除霊に行った時は、確かに浮遊霊はいたが力が弱く、除霊をするのがすごく楽だった。

ちなみに、遺骨を置いておくと、本人の霊というよりも、その辺をさまよっていた霊がやって来るようになる。

とはいえ、昨今の墓事情や、人間関係などで、なかなかお墓を用意できないという人もいるだろう。そういう場合は先に書いたように、遺骨のある場所に常に除湿器をかけ、生花を飾り、故人の好物をお供えすれば、霊が悪さをすることはないと思う。

「後継ぎの男の子」に霊障が出るケース

ただし、空間がプラススポットになったからといって、お骨を放ったらかしにしてはいけない。こんな話がある。

「夫が亡くなったのですが、お墓を用意するお金がない」

と、ずっと部屋に遺骨を置いていた奥さんがいた。

しばらくして、その奥さんにつき合う男性ができ、奥さんの家に足繁《しげ》く通うようになった。

すると、その家の子どもに奇行が見られ始めたのである。

はじめのうちは、ひきこもっていた程度だったが、ある時から家の中で絶叫し始め、やがて暴力を振るい、モノを破壊し、何度も警察沙汰を起こすようになってしまった。

そこで私が呼ばれて行ったところ、そのお子さんは完全に病んでいた。原因はやはり、亡くなった夫の遺骨にあった。

他にも、

「子どもが突然、登校拒否になった」

「子どもが夜中にうなされるようになった」

といった相談を受けて視に行くと、「家の中に置かれた骨壺に原因があった」

というケースを、これまでに十数件見てきた。

こうしたケースでは、**圧倒的に男の子のほうに霊障が出やすく、しかも後継ぎになる子に多い**印象を受ける。

恐らく故人、もしくはご先祖さまが、

「遺骨のことをちゃんとしろ」

というメッセージを送っているのだろう。

お墓参りは必要ないと書いたが、「死者が鎮《しず》まる場所」は確保しておくべきだと思う。

4 「死してなおエネルギーを発する」存在とは

歴史上の偉人や有名人のお墓へお参りに行ったからといって、あなたの思いが伝わるとは限らない。「魂のカケラ」でもその場に残っていれば伝わることもあるのだろうが、その可能性はさほど高くない。

ただ、「パワーをもらうこと」はできる。

この世で何かしら大きな業績を残した人物であれば、骨だけになっても、それなりのエネルギーを発しているからだ。

だから、好きな歴史上の人物や有名人のお墓めぐりを否定する気はない。

しかし、「残存しているエネルギー」にあやかるためにお墓めぐりをするのなら、「名声を得て、惜しまれつつ、天寿をまっとうした人」をお勧めする。

あなたの職業がビジネスマンなら松下幸之助、文筆業なら司馬遼太郎《しばりょうたろう》、芸術関係なら岡本太郎……と、旅行先などとも照らし合わせて、自分の憧れの天寿をまっとうした有名人の墓をピックアップするのも楽しいかもしれない。

最近亡くなった有名人でも、西城《さいじょう》秀樹さんや桂歌丸《かつらうたまる》さん、樹木希林《ききりん》さんなど、圧倒的なパワーを秘めながら寿命で亡くなった人のお墓では、エネルギーを分けてもらえると思う。

ただ、有名人でも自殺をした人に関しては、決してよいエネルギーが出ているとは思えない。逆にマイナスのエネルギーを受けることもあり得る。

たとえば、日本を代表する名作家や一世を風靡《ふうび》した芸能人でも自殺した人のお墓参りは、

「エネルギーにあやかりたい」

という観念からいうと、長年のファンだとしても、やめておいたほうがいい。故人のマイナスのエネルギーに「引っぱられかねない」からだ。

空海が眠る「高野山・奥之院」の凄まじいパワー

死者のお墓で、今なお、最大のパワーを放ち続けるのが**弘法大師・空海のお墓**だ。

高野山の奥之院には今なお、空海の即身仏《そくしんぶつ》が安置されているが、テレビの画面を通してそこを見るだけでも、相当なエネルギーが伝わってくる。実際に行くと、さらにその強いパワーにあやかれるだろう。

やはり、「遺体が現存している」「骨が残っている」ことが、今なおエネルギーを発する最大の要因だが、さらに空海は霊能者として相当なパワーの持ち主であったことも関係しているだろう。

高野山には「空海に会いに行く」という感じで参拝するのもいいと思う。そのくらい、感じるエネルギーが本当に凄まじい。

天下人・家康にあやかれる二大スポット

徳川家康の墓があるとされる、静岡の**久能山《くのうざん》東照宮**もぜひ訪れてほしい。もちろん、**日光東照宮**にもよいパワーがあふれている。家康のお骨は分骨されているが、久能山でも、日光でも、観光に行くとパワーをもらうことができる。

ただ、より強いのは日光よりも久能山だ。家康のお骨は、もともとこの地に安置されていたはずだ。

断っておきたいのは、「お墓があるというだけでは意味がない」ということである。

たとえば、高野山には錚々《そうそう》たる武将のお墓が立ち並んでいるが、いずれもお骨が入っていないから、パワーのおすそ分けを目的に行っても意味はない。

たとえば武田信玄であれば、武田家の菩提《ぼだい》寺であり、お骨の入ったお墓のある山梨県甲州市の恵林《えりんじ》寺には、エネルギーがあると思う。本人の骨がないとエネルギーは出ないのだ。

天皇陵もいい。何しろ、聖域として守られた「お墓」なのだから。ただし、寿命で亡くなった方の陵《みささぎ》をお勧めする。可能な範囲内で詣《もう》でてみてはいかがだろうか。

なお、このような場所にお参りするだけでもパワーにあやかることはできるが、私は両手を胸の前で合わせ、手が温かくなってきたなと感じると、お墓に向かって手をかざしてパワーをいただくという方法を取っている。

あなたもぜひ、試してほしい。

5 霊は「蝶」になって舞い戻ってくる？

「姉が幼い子どもを残して亡くなってしまいました。それからというもの、残された子どもたちと遊んでいると、蝶《ちょう》がよくヒラヒラと飛んでくるようになったと感じています。これは、偶然ですか？　それとも亡くなった姉ですか？」

と、聞かれたことがある。

洋の東西を問わず、蝶やトンボなど、幼虫から変態し、成虫へ変わる生き物は「霊魂が宿りやすい」と昔から言われているようだ。

大変、ロマンチックな概念だとは思うが、私は単に「虫は霊でも動かしやすいから、便利に使われているのだ」とみている。質量が軽く、飛ぶことのできる虫は、魂レベルでもコントロールがしやすい生き物だ。

「この季節に、こんな場所に、この虫が？」

という場合は、故人の魂によって動かされている可能性が高い。

「特攻隊の人が蛍《ほたる》になって帰ってきた」

という話もよく聞くが、これもあながちあり得ないとは言えないと思う。

だから、

「親しい人を亡くしてから、蝶がよく私の周りをヒラヒラ飛ぶようになった」

というのなら、故人が虫を動かしてメッセージを送っているというのは、大いにあり得るだろう。

黒いアゲハ蝶になって現われた私の曾祖母

私の母親は霊感が強かったのだが、生前、黒いアゲハ蝶を見ると、

「ああ、またおばあちゃんが帰ってきたね」

と、よく言っていた。確かにお盆の時期にどこからともなく現われることが多く、母はそんなアゲハ蝶に対して、

「ごめんね、おばあちゃん。小林家に嫁《とつ》いじゃったから、なかなかお線香を上げに行けないけど、今度必ず行くからね」

と、話しかけていた。

こうした何気ない日常の中のサインは、故人に思いを寄せていないと気づけないものだ。

夢枕も同様である。お母さんが亡くなって恋しがっている子どもが、

「昨日、ママの夢を見たよ」

と言ったとしたら、本当に母親の魂が来ているのだと思う。

「故人を思い続ける」ことで、故人の訪れに気づけることは少なくない。だから、思いを引きずることは、私はさほど悪いことだとは感じていない。

生者にとって、故人に心を添わせながら生きることも、一つの「癒しのメソッド」になり得るとも思っているからだ。

6　なぜ少女たちは〝死者の声〟を聞けるのか

さて、霊に対する感受性だが、年齢でいうと、より若い人。そして、男の子より女の子のほうが強いようだ。だから、小さい女の子が、

「昨日の夜、寝ていたら、死んだおばあちゃんが、遊びに来てくれた」

などと言っていたら、信憑性《しんぴょうせい》は高いだろう。

つまり、あなたが死んだ場合、小さな女の子のところに行くと、気づいてもらいやすいと思う。ただ、話が伝わるかどうか、また別の問題が出てくるのだが。

そう、**霊感がある人は女性に多い**傾向にある。

ただ言いにくいことだが、女性の場合は、生理が始まったり、男性経験を持ったり、出産したりすることで、霊感が消えてしまうことが少なくない。

一方、男性は霊感がある人はあまりいないが、ある人の霊感はかなり強い。女性のように「リセット」されることがないため、一度発現するとうなぎ登りに強くなる。

私のように、二十歳を過ぎてから霊感がいきなり強くなるケースもあるのだ。

赤ちゃんの「目の先」には霊がいる?

ちなみに、人間は霊が全く視えないわけではない。少なくとも赤ちゃんの頃と、死ぬおよそ二週間前の人間には確実に視えていると私は思っている。

両者の共通点は、少しうつろで焦点が合っていないような目つきをしているところだ。これは完全に**「霊感の目」**だ。

赤ちゃんが寝転がりながら、目でいろいろなものを追っている姿を見て、

「何かいるのかな？」

と、不思議に思った経験はないだろうか。実はそこに、「何らかの霊」がいる可能性がある。

そして、動物にも同じような能力がある。

少し前に、友人の家に出産祝いを持って遊びに行ったところ、

「うちの赤ちゃん、ペットの猫と同じところを見ていることがよくあるの。ほら、今も」

と言われ、見ると、おばあちゃんのような霊が天井付近にいたことがあった。赤ちゃんを見に、ちょっと出てきた霊のようだったので、会釈《えしゃく》だけしておいた。

「いい霊」も「悪い霊」も、彼らには間違いなく視えているのだ。

7 「阿弥陀如来のご加護」を受けるには

さて、この本は「死後の世界」「あの世」がテーマの本である。

多くの日本人がイメージする「あの世」とは、阿弥陀仏がいる西方《さいほう》浄土、いわゆる極楽浄土のことではないか。

特に年齢を重ね、人生の残り時間を意識するようになってきた人ほど、大往生して極楽へ――と願う気持ちが強くなっていくように思う。

実際、私の菩提寺に祀《まつ》られている阿弥陀如来像に、「無事に往生させてください」と手を合わせる人をよく見かける。

しかし、大変に伝えにくいが、

「多くの寺の阿弥陀如来像に、阿弥陀仏はいないから、そこで拝んでいても意味がない」

というようなことを、私の背後霊は言っている。

もちろん、いる場所もあるが、いないところのほうが多いようだ。

というのも、阿弥陀如来像を祀っている寺社を全て回るのは、たとえ仏とはいえ無理なのだそうだ。

また、もしその場に阿弥陀仏がいたとしても、参拝者の、

「ご加護を受けたい」

「恩恵に浴したい」

という気持ちだけでは、極楽往生（死後、安楽で清浄な極楽に行くこと）に手を貸すことはできないのだと言っている。

仏教の宗派に「阿弥陀仏の名前を称《とな》えるだけで浄土に行ける」という教えを中

心教義としているところがある。

しかし、「ナムアミダブツ」と称えることと、極楽に生まれ変わることとは、直接的にはあまり関係がないようである。

平常心で淡々と努力する――神仏につながる近道

では、どうしたら、極楽往生できるのか。

拍子抜けするかもしれないが、

「普通にしているのが一番いい」

のだそうだ。

その「普通にしている」とは、いわゆる小学校の「道徳」とか「修身」の時間に教わるような生き方をするということだ。

「自分の目標や願いに向かってコツコツと努力する。誰かを嫉妬《しっと》したり、憎んだりすることなく、自己中心的な言動を慎むこと。皆が笑顔になれるような生活を送ること。そうしているうちに、自然と神仏のほうから耳を傾けてくださるようになる」

と、私の背後霊は言っている。

救いを求めて神仏に祈る時間があるなら、「自ら努力する」ことだ。

そんな自助努力の気持ちや行動があった上での、ご加護ということなのだろう。

「平常心で淡々とやるべきことをやる」

「普通に努力する」

これが神仏につながる近道のようである。

8 阿弥陀仏のパワーを感得する方法

「阿弥陀さまのことを強く感じたいなら、どこに行くのがいいですか？」

と聞かれることもあるが、「絶対ここ」と言い切れる場所はない。

というのも、阿弥陀仏は、移動しているからだ。

私は、阿弥陀仏のパワーを感得できるが、

「このお寺にいます」

と提示しても、一年後、五年後、十年後も阿弥陀仏がそのまま存在していると保証することはできない。

今、この瞬間にも、移動してしまっているかもしれないし、もしかしたら百年後もその地にとどまっているかもしれない。どちらにしても、まさに阿弥陀仏の「気分」次第なのだ。


では、阿弥陀仏が「次は、ここに行こう」と決めて移動するかというと、そういうわけでもないようだ。

「阿弥陀さま、この地にいらしてください」と、立派なお堂を用意して、皆で祈ったからといって、それに応じるわけでもない。

たとえるなら、「風」のようなものだ。風は、常に同じところにとどまらず、流れていく。


たとえば、日本人なら誰もが知る国宝の阿弥陀如来坐像が祀られている宇治の

「平等院鳳凰堂《ほうおう》」には、確かに一時はいたようである。しかし、今はいない。

でも、いつの日か、気が向いて、また移動してくるかもしれない。まさに「風」のような感じなのだ。

裏を返せば、日本には大小合わせると何百もの阿弥陀堂があるが、小さな田舎の阿弥陀堂を訪れている可能性もあるということだ。また、お寺とは全く関係のないところにいたりもする。

なぜ「目的地まで歩いて参拝」すべきか

ただ、阿弥陀仏が実際に存在する場所に参拝することで功徳《くどく》が積まれたり、エネルギーと運が上がったりすることはままある。その場は「強大なエネルギー・スポット」となるので、〝訪れる〟ことで得られるパワーがあなどれないのは事実だ。

ただ、阿弥陀仏が存在しない寺に、いくら寄進しようが、お祈りしようが、効果はない。

だからこそ「阿弥陀さまのパワーをもらえるかも」と、いくつもの阿弥陀堂を巡るよりも、先ほど書いた「普通の生活」を大事にしたほうがいい。


また、もし阿弥陀仏にお会いできるとしても、自分の足で歩いてその場へ向かい、参拝しなければ、あまり意味がないかもしれない。

その昔、江戸から伊勢神宮まで歩いて参詣《さんけい》したように、何日もかけて歩き、手を合わせる。それくらいの覚悟で臨むことで、「阿弥陀仏のパワーを感じる感性」も研《と》ぎ澄まされ、よりご利益《りやく》が受けやすくなる。

しかし、現代人にはなかなか難しい課題だろう。

だからこそ、私はこれまでの著書でも、「歩いて行ける身近なパワースポット」に足繁《しげ》く通うことをお勧めしているのだ。

「わざわざ阿弥陀仏を探し求めるよりも、自分の願いに向かってコツコツと努力する。そうしているうちに、自然と向こうから耳を傾けてくださる」
と、私の背後霊は言っている。
くり返すが「普通にしている」のが一番いいようである。

4章

あなたを護っている「背後霊」

——最も身近な「この世ならざるもの」

1　死ぬと誰かの「背後霊」になる

「余命宣告されました。近い将来、私も誰かの背後霊になるのでしょうか」

と相談を受けたことがある。

結論から言えば、「イエス」だ。人は死ぬと、メインの魂はあの世へ行くが、カケラのようなものが一部分裂し、それが肉親につくのである。

お子さんがいれば、九十九％は子につく。他にも両親や兄弟、配偶者、孫がいれば、孫にも行く。

このカケラのようなものが、いわゆる**「背後霊」**だ。

裏を返せば、「背後霊」とは、〃その程度のもの〃ということだ。

あくまでもカケラであり、メインの魂はこの世にないわけだから、さほどの力はない。

だから、子どもや愛する人の危機的状況を間一髪で救うことができるかといえば、それは望みすぎだ。

死者には「物理的な行動」を取ることができない。私が、

「死者より生きている人間のほうが、よっぽど恐い」

と言うのは、そのためだ。

ただ、メッセージを伝えることはできる。

たとえば、子どもが失恋をして泣いていたとする。

その際、夢枕に立って、

「○○ちゃん、大丈夫。いつか、いいことがあるわよ。甘いものでも食べて元気を出して」

などとメッセージを伝えることはできる。

ただこれも、〝受信側〟が受け取れなければ「何もできない・しない」のと同じである。〝送信側〟がいくら霊力を高めて死んだとしても、である。

それでも、夢枕に立ち、

「よしよし」

と、やさしいオーラを注ぎ続けるだけで、十分な効果はあると思っている。

「霊的に護られている」とは、こういうこと

妻を病気で亡くし、父子家庭になった友人から、

「朝、子どもが『お母さんの夢を見た』って泣くんだよ」

と聞かされたことがある。残された父子のことを思うとつらくなるが、そんな時、お子さんは確実に、「お母さんの霊」に会えてはいるのだ。

若くして亡くなったお母さんの葬儀に行くと、まだ死を理解していなさそうな

子どもの後ろについていて、心配そうにしているのを見ることもある。

「背後霊になっても、見守ってあげてね」

と、悲しくなる瞬間だ。

それから、

「お墓参りに行こうとしたら、家にお線香を忘れたことに気がついた。そこで家に引き返そうと足を止めたおかげで、間一髪で交通事故を避けられた」

といったような、不思議な体験談をたまに聞くことがある。恐らく背後霊のメッセージをキャッチできたのだろう。こういったケースもないわけではない。

そして、背後霊としてそんな形で子孫を護《まも》ることができたら、大したものだと思う。普通、そこまでは、なかなかできないからだ。

友人にも、

「バスに乗っていた時、衝突事故に遭った。重症の人もいる中、自分だけは不思議と軽症だった」

という人がいる。彼は確かに霊的に護られていた。というのも、そう話す彼の背後には、生前、彼を「特にかわいがっていた」という彼のおばあちゃんが微笑んでいたからだ。

さて、葬儀の場面で、

「残された人たちで遺品を分けたいのですが、何がいいですか?」

と、遺族から聞かれることがある。宝飾類やハンカチ、ネクタイなど、形見として持っていても損はないとは思うが、「あまりこだわる必要はない」と思っている。

故人の「魂のカケラ」が、残された人たちにきちんとついているからだ。

2 誰にでも生まれた時からついている「背後霊」

背後霊は、誰にでも生まれた時からついている。

そして、基本的には、その人のご先祖さまが背後霊となって護ってくれていると思っていい。生まれた土地が海のそばだったら漁師、田んぼのそばだったら農民といった具合に、もともとその土地に暮らしていた人の魂のカケラがつくこともある。

しかし、九割以上の人がご先祖さまに護られていると思って間違いないだろう。

よく、小さい子どもを持つ親御さんなどに、

「息子は亡くなったおじいちゃんと趣味嗜好《しこう》がとても似ているのですが、おじいちゃんの生まれ変わりでしょうか?」

といった相談を受けることがある。こういうケースでは、その子が「生まれ変わり」であることは、まずない。そのおじいちゃんが背後霊としてついているケースがほとんどだ。

背後霊にとって〝応援しがいのある存在〟

背後霊のほとんどがご先祖さまであると考えると、亡くなった身内が歴史に名を刻むような人であったなら、

「強力な背後霊となって見守ってくださっている」

ということになる。

たとえば、大作家が高齢で亡くなったとする。すると、自分の子どもよりも、孫やひ孫にこの大作家のパワーは強く出る。

子どもよりも、孫のほうがかわいいということもあるかもしれないが、単純に若ければ若いほど才能が育ちやすいから、より〝応援しがいのあるほう〟につくのである。

すでに成人している子孫よりも、これから生まれてくる子どもに、亡くなった身内の能力が出やすいのは、そのためなのだ。

「後天的につく背後霊」とは

もちろん、後天的につく背後霊も存在する。

たとえば私の場合、後天的についた背後霊がいわゆる「信仰の対象」だったために霊能者になっているが、これも、もともとの素材（母方が霊能の強い血筋であること）を見込まれたのだと思っている。

そういう意味では、身内に作家やアーティストなどがいて、その人が亡くなってしまった時には、アピール次第では、自分の子どもにその人物が背後霊として加わってくれるかもしれない。

「ぜひ、息子には、あのご先祖さまのご加護が欲しい！」というのであれば、その人物（霊）が保有していた〝傑出した能力〟が花開きやすそうな子であると、アピールすること。

というのも、たとえば大作家に孫が十人いたとすると、「より文才がある子」を選んで背後霊としてつくからだ。

故人が作家なら「たくさん本を読ませる」、画家なら「クレヨンと画用紙を渡して、始終、お絵描きをさせる」、歌手なら「良質の音楽を聴かせたり、歌を歌わせたりする」。

そのほうが、お墓参りを頻繁《ひんぱん》にしたり、好きだった食べ物を欠かさず仏壇に供えたりするよりも、背後について力を貸してくれる可能性が高くなるだろう。

霊も〝自分に似たタイプの人〟を応援する

もしあなたが成人していて、「今からでもご先祖さまにあやかりたい」という場合も、同様に考えるとよい。悪い言い方をすれば、霊を「だます」のだ。

亡くなった祖父が優れた経営者だったのなら、とりあえず「経営学」の本を取り寄せて、

「おじいちゃん、オレ、将来は社長になるよ！」

といった具合にアピールするとよいだろう。

想像してみてほしい。もし、あなたが数学者だったとしたら、「より数学の才能がある子」に目をかけてやりたい、エネルギーを注ぎたいと思わないだろうか?

基本的に、**背後霊は「自分に似たタイプの人」のところに行く**と思ってほしい。

そして、もちろん、才能を開花させるには、背後霊のご加護にプラスして、本人の弛《たゆ》まざる努力が必要なのも言うまでもない。

3
「いい行ない」をしていると「いい背後霊」がつく

さて、「自分を護ってくれている背後霊の力を強めたい」と思ったら、どうすればいいだろうか。

それには**パワースポットに行くこと**が、最も安全で、確実な方法だ。

先述した通り、多くの人の背後霊は、自分と血縁関係にあった人の「魂のカケラ」であるケースがほとんどだが、「神的な存在」がつくことが稀《まれ》にある。

そして、パワースポットでエネルギーを高めることで、ご先祖さまとは別の「強力な背後霊」がつくことも、ないわけではない（とはいえ、かなりミラクルなことではある)。

「なかなか見どころがある人物だ。面白そうだから、ついていってみよう」と、「強い背後霊」(神的な存在)がふらっと人についていく様子を、私はパワースポットなどで何度か見たことがある。人であっても、神的な存在であっても、〝面白そうな人物〟に注目し、力を貸したくなるのは変わらないようだ。

「霊感を上げる」のも一手

「霊感を上げること」も、いい背後霊をつける近道だ。

霊能力とは、「視えない世界のメッセージを受信できる力」のことだから、そういう能力のある人に霊が親近感を覚えるのは当然なのかもしれない。

だが、「霊感を上げる」と言っても、その方法をここでお伝えすることはとてもできないし、もともとの素質に左右される部分も大きい。

では、どうするかと言えば、身の回りで霊感の強い人がいるなら、その人物の

そばにいれば、「おすそ分け」のようなものをもらえるだろう。
ただ、「霊感が強い人」も、身近になかなかいるものでもないし、普通の人には判別も難しい。だから、手軽な方法として、コツコツとパワースポットを巡ることをお勧めするのだ。

「強い背後霊」をつけるもう一つのコツが、「いい背後霊がつきますように」などと、追い求めないこと。
「金と女は追えば逃げる」と言うが、霊も同じことだ。淡々と、**「いい行ない」をしているほうが、いい霊が寄ってくる**

傾向があると感じている。

〝おかしげな背後霊〟を背負わないために

ところで、背後霊には、「いい背後霊」も「悪い背後霊」も存在する。とはいっても「普通」にしていれば、おかしげな背後霊が憑くことはまずない。

しかし、「悪いこと」をしている人には、同じような性質を持った浮遊霊が悪い背後霊となって憑く。「自分たちのやりたいこと（悪事）」をモラルに関係なくしてくれるのだから、それはもう、浮遊霊にとってはとても居心地がいいことだろう。

悪事をはたらいていなくても、心霊スポットのような、ネガティブなエネルギーが充満している場所に行けば、悪い霊が憑くことがある。

これは「背後霊」とは言えないかもしれないが、なんらかの霊が憑いてしまうことは確かだ。

ちなみにパワースポットには「相性」というものがある。

もし、訪れた時に「いまひとつ、しっくりこない」と感じた場合は、自分の感覚を大切にすることだ。

味覚と一緒で、「いいな」と感じる場所は人それぞれだ。

だから、自分が「ここに行くと何だか調子がいい、元気が出る」と感じたところに行くことが肝要だ。

たとえば、京都を訪れた際、

「伏見《ふしみ》稲荷《いなり》に行った時は、すごくパワーをもらえたけれど、二条城はいまひとつ、自分に合わなかった」

と感じたのなら、伏見稲荷のほうがあなたに合っている、ということだ。自分の感覚を頼れば間違いないと思う。

「自分に合うパワースポットの見極め」については、大いに「勘」を頼りにするといい。

「背後霊のパワー」を高める方法

パワースポットに何度も行くと、自分自身、そして自分についている背後霊のパワーを上げることもできる。

しかし、しつこいようだが、背後霊は、死んだ人の魂の「カケラ」だ。

だから、パワースポットに行けば背後霊のパワーが急激にアップするはずだと安易に期待しないこと。

たとえば今、あなたにご先祖さまの背後霊がついているとする。

数字を使って説明すると、ご先祖さまの霊のパワーが十だとしたら、一回のパワースポットめぐりで十二になる、くらいのイメージだ。急激に百や千にパワーアップするわけではない。

「たった、それだけ？」

と、思われるかもしれないが、たった二ずつでも、五回パワースポットに行くと、プラス十になる。もともとのパワーと合わせると、パワースポットに行く前の倍だ。

何ごともコツコツと努力することが必要なのだ。

ちなみにパワースポットは、大前提としてコンクリートなどで舗装されていない場所だ。神社にパワースポットが多いのは、土がむき出しになっている場所が多いためだろう。

4 「生気の強い人」は、背後霊もパワフル

一般人に比べ、芸能人は「生気」が強い。

動画でも写真でも、絶好調の芸能人は、体がひと回りもふた回りも大きく見える。それだけ「生気＝生体エネルギー」が出ているということだろう。

「テレビでは大きく見えたのに、実物は小さかった」

という芸能人がいる。カメラが回り始めると突然、華やかな生気を放ち始める芸能人を、私は何人も見てきたが、彼らは「ここぞという時に、生気をぱあっと放出できる才能の持ち主」だということだ。

しかし、体が大きく見えていた人も、人気がなくなったり、病気をしたりすると、その生気もしぼんでしまうようだ。

ちなみに**「生気の強さ」と「背後霊の強さ」は相関関係**にあり、背後霊が強いと、その人の生体エネルギーもアップする。

「声のハリ」は胆力・気力の証

生気に関して面白いのが、「姿」だけでなく、「声」からも発散される点だ。

霊能者ではなくても、敏感な人はテレビを見ていて、

「この人、声がかすれてきたけど大丈夫かな?」

「最近、あの俳優、声に響きがないよね」

と、生気が失われつつあることに気づくようだ。

たとえば、最近亡くなったある国民的人気アニメの声優だが、突然声にハリがなくなったので心配していたら、案の定、三カ月ほど経った頃に訃報に接した。

一方、亡くなる直前まで声にハリがあったのは、俳優の渡瀬《わたせ》恒彦《つねひこ》さんだ。死の間際に撮られた、アガサ・クリスティ原作のドラマを見たが、声にはしっかりハリがあった。「すごい役者だ、大した人だ」と思ったことを覚えている。最後の最後まで、体からも声からも「気」が出ていたので、「こんな人、初めてだ」と驚いた。

相当なレベルの人でも、死期が近づくと声がかすれるものだが、彼は死の一カ月ほど前だったにもかかわらず、活力に満ちた声を出していた。これは奇跡だ。私の経験からするとあり得ない。

よほど胆力、気力があった人なのだろうと思う。

ちなみに、渡瀬さんの背後霊は、鎧兜《よろいかぶと》を着けた武人だった。もちろん、ご先祖さまの霊もついていた。そのエネルギーに、ものすごく強いものを感じた。だからあれほど、パワフルだったのだろう。

5 「背後霊のパワー」とは

「もし、私が死んだら、大好きなアイドルの背後霊になれますか?」

などとたまに聞かれることがある。結論から言えば、「なれない」だ。

テレビに出られるほど有名になる人は、もともとのエネルギーが強い。そして、背後霊も同様に強いパワーを持っている。

前述した通り、普通の人につく背後霊は基本的にはご先祖さまだが、有名人には、ご先祖さまに加えて、強いパワーを持った背後霊がついている。誰もが知る人気俳優やミュージシャン、タレントのクラスになると、神仏レベルの背後霊がついていることもある。

だから、

「背後霊になったら、憧れのあの人に近づけるかも」

という願いを叶えることは不可能だ。万が一、意中の相手のところへ「カケラ」がたどりつけたとしても、相手の背後霊にはじかれてしまうことだろう。

ある意味、有名人の背後霊になることは、生前にその有名人からサインをもらうよりも難しいだろう。当人の意志に関係なく、〝ガード〟がしっかりしているからだ。

それは「背後霊」ではなく「幽霊」

では、学校の「クラスの人気者」くらいのレベルの人なら可能かというと、それも簡単ではない。

一般の人たちにつく背後霊にご先祖さまが多いのは、同じDNAを持つ肉親だからだ。魂のカケラも馴染《なじ》みやすいのだろう。

全くの他人にもかかわらず、

「あの子はかわいいから、背後霊になりたい」

と思っても、可能性はゼロとは言わないが、もともとついているその人の背後霊たちに、やはり排除されることだろう。

背後霊とは、あくまでも死んであの世に行った人の「カケラ」のようなもので、カケラには、

「誰につくぞ」

という意志は存在しない。フワフワとつきやすい相手（ほとんどは子孫や肉親）にくっつき、「あの世」に行った魂の「依《よ》り代《しろ》」になる程度だ。

意志を持って、つく相手を選べたとしたら、それはすでに「背後霊」ではなく「幽霊」（成仏していない霊）と呼ばれる存在ということだろう。

6 寿命を延ばすも縮めるも自分次第

個人の寿命は、ある程度は生まれる前から決まっている。

そして、これを決めるのは、いわゆる「神さま」と呼ばれる存在だと思う。

神さまは、長いもの、短いもの、太いもの、細いもの、と様々な**「命のろうそく」**をそれぞれの人に持たせ、この世に送り出す。

このろうそくこそが寿命そのものであり、「燃え尽きる」とは、寿命をまっとうしたことを示す。

ちなみに、私も霊視モードに入れば、「寿命のカウント」を視ることができる。

ただ、それはろうそくではなく数字だ。

もっとも、正直なところ、寿命というのは視てもあまり気持ちがいいものではないので視ないようにしているし、私が余命を口にすることで、悪い方向に変動することがあるので、めったに視ない。余命を視てほしいと頼まれても、断ることも多い。

しかし、こんなケースがあった。


ある難病に侵された四十代になったばかりの男性が、奥さんと一緒に私の事務所に来て、病気について相談をした後、

「僕、長生きできますか？」

と、聞いてきた。正直、余命は数年だった。しかし私は、

「年金はもらえますよ」

と、答えた。その時はそうとしか、答えられなかった。その代わり、お祓いをし、引っ越し先の相談にのり、延命治療を行なうなど、できる限り、親身になっ

て男性に寄り添った。

それでも体はどんどん衰え、五十代で亡くなった。私の事務所に初めて来た日から、十年は経過していた。

そんな彼の葬儀の場で、奥さんからこんな話を告げられた。

「うちの夫は、小林さんの『年金はもらえる』という言葉を支えに、がんばってくれたんですよ」

と。

時おり、つらそうな表情を見せる男性に接しながら、この延命は彼にとって幸せなことなのか、正直、悩んだこともあった。しかし、葬儀の際、私に向かって笑顔で手を振る男性の霊を見て、ホッとしたのを覚えている。

そう、一章にも書いたが、寿命というものは、きっちり「〇年の〇月〇日に死ぬ」というふうには決まっていないのだ。輪ゴムは引っ張れば伸びるように、寿命もまた、ある程度までは延ばすことができるのだ。

「手のひらの生命線」が四十歳から九十歳に！

実は若い頃、私は自分の手のひらを見ながら「四十歳までしか生命線がない。自分の人生は長くないのかもしれない」と、悩んだことがあった（ちなみに、私は手相や人相などの占術《せんじゅつ》も学んでいる）。

そこで、せめて少しでも長く生きられるようにと、体調管理をしっかりとするようになった。

体質的に合わないこともあるが、私は現在、アルコールを飲まないし、コーヒーも飲まない。タバコも吸わない。最近は血圧が高めということもあり、毎朝きなこミルクを飲んだり、クロレラを摂取したりと、「体にいい」とされることに取り組んでいる。

さらに生体エネルギーを消耗する除霊の後は、点滴をしたり、鍼《はり》治療に行ったりして、体のメンテナンスを欠かさない。

今では、手相を見ると九十歳まで生きるようである。面白いことに、**手相の生命線も年々伸びているのだ**。

健康状態は手相や人相に出るから、「たかが手相」などとあなどれないのだ。

私自身の実体験からいっても、自分の努力で寿命は延ばすことができる。

もちろん、逆に縮めることも可能だ。やり方は簡単。暴飲暴食をして、寝なければいい。

「それは自殺と一緒じゃないの？」

と、思われるかもしれないが、こんな生活をして命を終えたとしても、それはれっきとした「寿命」だ。「お迎え」も来るし、「光の道」を通ることもできる。

ただし、そんな自堕落《じだらく》な人生を送った魂があの世に行った時、「いい場所」に行けるかというと、そううまくはいかないだろう。

7 「逆縁」について

人として生まれてきた以上、いくつもの苦労や悲しみ、つらさを経験することは避けられない。その中でも「逆縁」、つまり子どもに先立たれた親は、まさに「断腸の思い」だろう。その苦悩は察するにあまりある。

昔、スピリチュアルなことに傾倒している人物と話をしていて、「幼くして亡くなった子は、悪いカルマ（業《ごう》。行ないや行動のこと。また、その行為が未来の苦楽の結果を導くはたらき）をつくらないために、早く死んだんだ」

と、こんこんと説明されたことがある。私はその時、大いに憤慨《ふんがい》したのだが、そんな話は全くのデタラメだ。

「カルマがどうたら」というのは、単なるこじつけにすぎない。

「幼い子の魂」は身内の霊に護られて旅立つ

私が延命治療を施した人の中には、幼い子どもも何人かいる。生まれつき体が弱くて、生きたくても生きられない子たちばかりだった。

そんな子どもの死に際して、

「私がもっと、強い体に生んであげていたら」

「もう少し、看病に時間をかけてあげられたら」

と、後悔する保護者の声をよく耳にする。

しかし、病気で亡くなったのであれば、誰の責任でもない。本当にこちらもつらいのだが、「寿命だから亡くなった」ということなのだ。

そして、寿命であればこそ、身内の霊がきちんと「お迎え」に来てくれる。そして、

「あの世は苦しみもなくて楽しいところだよ」

と諭しながら、小さな霊が迷わないように「あの世」に送り届けてくれていることと思う。

「生まれてきて、死んでいく」――人のさだめ

その一方で、

「あの子の死が、私たちを成長させてくれた」

と、自分のことばかりを言う人もいる。ショックを和《やわ》らげるべく、何らかの「理由づけ」をして立ち直りたい、気持ちを奮《ふる》い立たせたいという感情は理解できる。

しかし、あまりにも「成長」や「学び」などと言われると、不快に思うこともままある。

非常にシビアだと受け取る人もいるかもしれないが、その子は親の成長のために旅立ったのではない。当人にとっては、「生まれてきて、死んだ」――それだけのことなのだ。

淡々と生き、寿命が尽きて「その時」が来たら、「あの世」へ旅立っていく――それが、この世に生を享《う》けた者全ての「さだめ」なのである。

8 「水子の霊」について

私のところにも、「水子の霊」に関する相談が来るが、今のところ「水子の霊」が親についているのを見たことがない。

質の悪いエセ霊能者などが相談者の罪悪感や落ち込みにつけ込み、「水子がついている」などと脅して高額のお金を請求する、などという話をたまに聞くことがある。しかし、これこそまさに悪質な「霊感商法」だ。

まず、「流産してしまった」と悩んでいる人に伝えたいこと。

それは「流産したのは、その子の寿命だったのだから、『水子の霊がさみしがっているのでは』と気に病むことはない」ということだ。「この世」での思い出もないわけだから、「この世」に思い残すこともないわけだ。

人工中絶をした人も同様なので、心配しないでほしい。胎児にはまだ「自我」がないため、この世に執着することなく、あの世に行っているからだ。

「水子の祟り」は見たことがない

「子どもになかなか恵まれません。過去に中絶をしたことがあるのですが、水子の祟りでしょうか?」

という相談を受けたこともある。だが、その女性は、中絶手術を何度かしており、それによって体が受けたダメージが不妊の原因だった。

くり返すが、この世に生まれてこなかった水子の魂には、母親に執着してこの世にとどまれるほどの力はない。たとえ「魂のカケラ」が残されたとしても、ほんのわずかだろう。

ただし、せっかく授かった子を亡くした親の「心の拠《よ》り所」や「癒し」として、お寺などで「水子供養」をするというのは、あってもいい概念だと思っている。

また、出産した後すぐ、あるいは数カ月など、自我が目覚める前に亡くなった場合でも、霊となって現われたケースを私は視たことがない。

しかし、二歳を過ぎた頃、自分の好き嫌いが言えるような年頃で亡くなると、亡くなった原因によっては、「あの世」へ行けず、母親にべったりとつくことがある。

近年、幼な子が虐待《ぎゃくたい》されて亡くなるという痛ましいニュースが話題になることが増えた。その度に、

「エスパー、あの子、成仏するかな」

「その子のために お線香を上げて祈ったら、今度は温かい家庭に生まれ変わってこられる？」

などと相談をされることもある。残念ながら、その程度のことでは、そうした子どもたちは「成仏」できないだろう。

たとえ、「お迎え」があったとしても、子どものほうが受け付けない。「あの世」という安楽な世界へ行くことよりも、「母親の愛情」を強く、深く求める心のほうが強くなっているからだ。

だから、亡くなった子は母親が死ぬまで、母親につく。命を落とした原因が父親や、内縁の相手にあったとしても、つくのは母親なのだ。

亡くなった子のおもちゃが「勝手に動く」わけ

一方でこんなケースもあった。

事故で幼い子を亡くした母親から、

「あの子がいつも遊んでいたおもちゃが動くのですが……」

という相談を受けたのだ。

このケースでは、お子さんは交通事故で亡くなっていたのだが、母親にはついていなかった。単に「自分が死んだ」という意識がなく、「とにかく遊びたかった」ようなのだ。

前述した通り、霊は「電磁波」と「湿気」でできているため、電池式のおもちゃは、たとえ子どもの霊であっても非常に動かしやすいのだ。

だから、もしこの母親と同じような境遇にあって、その子が好きだったおもちゃが勝手に動いたとしても、

「あぁ、遊びに来たんだ」

ぐらいの感覚でいてよいと思う。「子どもの霊が遊びに来てくれたんだ」と。

そして、できれば生前にココアが好きだったら、ココアを、クッキーが好きだ

ったら、クッキーを置くなどしてあげてほしい。

すると、もしかしたら、入れたココアの量が八割ほどに減っていたり、クッキーがすぐ湿気《しけ》てしまったり、という現象が起こるかもしれない。でも、大人の霊ほど悪さをすることはまずないので、恐がる必要はない。

しかし、それらの現象を嫌だと感じ、気になるようなら、

「あなたは死んだのよ。成仏してね」

と、手を合わせ、根気強く接してあげるといいと思う。

私が出会ってきた「小さい子どもの霊」

ところで、人形はヒトガタをしているので、いかにも霊が入り込みやすそうだが、霊が入って人形が動くことはまずないので安心してほしい。あれはあくまでも、ホラー映画の中の話だ。

ただ、「全くない」とは言い切れない。というのも実際に人形に憑いた霊を除

霊したことがあるし、道端で見かけた人形に〝憑いている〟のを目にしたことがあるからだ。

ある時、街の骨董《こっとう》品店に、状態のいい日本人形が飾られているのが目についた。「あれ？」と、ドロッとした気配を感じ、「関わらないほうがいい」とばかりにそそくさと立ち去ったので一瞬しかその人形を見ていないが、そのわずかな時間で鮮明なビジョンが視えた。

昔のこと。小さい子どもが死んだ時に棺桶に一緒に入れられ、土葬された人形だった。その人形に亡くなった子どもの霊が入っていたようだが、その後、どこかの悪いヤツが人形を掘り出して売りさばいたのだろう。嫌なものだった。

そういえば、こんな依頼を受けたこともある。

「幼い頃、祖父の家に泊めてもらったら、夜、見知らぬ小さい男の子がドアから私のことを覗いていたんです。翌朝、祖父に聞くと、幼くして病気で亡くした息子、私の父の兄だろうとのことでした。今思うと、成仏せずに家にい続けるのはかわいそうなので、『あの世』に送ってあげてほしい」

そこで、彼女の祖父の家にお邪魔したところ、確かに、子どもの霊がいた。

しかしそれは、その家の近所で、交通事故で亡くなった男の子の霊だった。子どものおもちゃなどがお供えされているのを見て、やって来ていたのだろう。

悪い霊ではなかったのだが、そこにい続けるのもかわいそうだと思い、その男の子が「あの世」へ行くお手伝いをして、私はその家を後にした。

5章

「生まれ変わり」の真実

――「善行」を積むと、来世で「いいこと」はある？

1　「生まれ変わりたい魂」は意外に少ない？

私は「生まれ変わり」について否定はしないが、積極的に肯定もできない。

前述した通り、私は極めて「現世的」な人間だ。

「自分の前世を知って、どうするの？」というスタンスで生きているし、「私の前世は、イギリスの貴族だった」などと騒いでいる人がいると、やや冷ややかな目で見てしまう。

「前世を知ることで、今の人生をプラスに生きるエネルギーにできるのであれば、それもまたよし」なのだろうが、そうでない人も散見されるからだ。

たとえば、とある大きなパーティに参加した時のこと。

「僕は、戦国武将の○○の生まれ変わりなんですよ」

と、初対面の人に突然話しかけられたことがある。どうも私が霊能者であることを誰かに聞かされ、声をかけてきたらしい。

「あなたは霊能者なんだから、わかるでしょう?」

と、詰め寄られたのだが――。

自分の前世についてあまりに一方的にまくしたてられ、辟易《へきえき》して霊視など一切しなかったが、恐らく、本人の勘違いだろう。

ちなみに私は、霊視モードに入ることで、人の「前世」を視ることもできる。しかし、ほとんど視ることはしない。裏付けが取れないからだ。たとえば、

「あなたは、江戸時代、歴史書を編纂《へんさん》していました」

と伝えたとしても、「ふーん、そうなんだ」で終わってしまうだろう。証拠がないからだ。

同じような理由で、誰にどんな背後霊がついているかも、すぐに視ることができる。しかし、そのことを表立って公表していない。これも、裏付けが取れないからだ。私の「言いっ放し」で終わってしまう。

ただ、「裏付けが取れる人」には、前世や背後霊の話をすることもある。

あるパーティで、見るからに高貴な雰囲気を漂《ただよ》わせる背後霊がついている人がいたので、思わず、

「失礼ですが、どういった方ですか?」

と、声をかけたことがある。すると、なんと代々、皇室に縁のある方だった。

また、別のパーティでそばにいた人と話していた時、ふうっと、その人が江戸時代の檜《ひのき》舞台で能を舞っている姿が視えた。驚いて伝えると、彼は、能楽師《のうがくし》のシテ方《かた》をしているとのことだった。

恐らく、その時は彼の「前世」が視えたのだと思う。ちなみに、彼の背後霊も、先祖の能楽師だった。

「前世の記憶」と不思議な体験

前世といえば、私もその能力を認める強い霊感を持った知人女性から、こんな話を聞いたことがある。

その女性の実家は大変貧しく、日々の食事にも事欠くほどだったそうだ。

しかし、彼女は自分でその家庭に生まれてくることを選択したという。

「私、生まれてくる前の記憶があるんです。お空の上から皆で、『私はどの家庭に生まれるのかなあ』と、順番を待っていました。私は本当は、お金持ちの家に生まれる予定になっていました。でも、前に並んでいた貧乏な家に生まれる予定の子がぐずぐずして、なかなか行こうとしません。あんまり待たせるから、『いいや！　じゃあ、私が行く！』と、下りた場所が、今の貧しいおうちだったんです」

とのことだ。

また、彼女は「前世の記憶」も語ってくれた。

彼女以外にも、信頼のおける人から、「前世の記憶がある」という話を聞かされたこともある。

世界のあちこちで語られる「前世についての不思議な記憶」の中には、真実なのだろうと思わされるものもある。

私も自身の前世を霊視したことがあるが、その時は軍人だった。ただ、それを視たからといって特段の感慨はない。

まあ、戦闘機や軍事関連のことに関心がいってしまうのは、その影響もあるのか、と思う程度だ。

2 「生前の行ない」が〝次の境遇〟を決める？

「自分の意志で生まれ変わりは決められますか」と聞かれることがある。

「絶対生まれ変わりたくない」という意志は多少、尊重されるらしいが、「こんなところに生まれ変わりたい」という意志が叶うかどうかは、やはりその人の**「生前の行ない」による**ようだ。

たとえば前世で真面目に、一生懸命に生きてきた人は、恵まれた境遇に生まれ変われると思う。

しかし悪事をはたらいてきたような人は、より劣悪な環境に生まれ変わるだろう。

その大枠は、神と呼ばれるような存在が決め、あとはくじ引きのようだったり、順番だったり、魂が「自分が居心地のいい場所」へ動いた結果だったりするようだ。

自分の魂が来世の境遇を引き寄せる、とでも言おうか。

「生まれる場所」を選べる人、選べない人

この世に生まれる前の記憶として、

「空からお母さんが見えて、『この人のところに生まれたい』と思ったら、お母さんのお腹にいた」

「お母さんを自分で選んだ」

というエピソードを聞くことがあるが、やはり多くは順番、くじ引きのようにして決められるのだと思う。だから、

「がんばって善行を積むから、私はこういう時代の、こういう国の、お金持ちの家に生まれ変わりたい」

という選択をすることはできない。

そういう意味では、ある程度は選べるけれど、ある意味では選べないのだろう。

そんな中でも「選べる人」は、「きちんと人生を生きてきた人」だ。こういう人は、選択ができる。あとは、霊感があるような人も、生まれてくる環境を選べることが多いようだ。

ただ言えるのは、自分の「魂のコミュニティ」から激しく逸脱《いつだつ》した場所へは生まれ変わらない、ということだ。日本なら日本、ドイツならドイツ、エジプトならエジプトという具合に、その国の中で生まれ変わるケースが多い。

それも、コミュニティが関係するからだ。

特に島国である日本には、日本の中で輪廻《りんね》転生《てんしょう》する人が多い。だから、日本人のあなたの背後霊はほぼ日本人だし、前世も日本人であることがほとんどだ。

もちろん、例外もある。

最近「日本が好きでたまらない」と、日本に住みつく外国人をよく見かけるが、そういう人たちを視ると、たまに日本人の背後霊がついていることがある。

その背後霊は、母国日本に思いを馳せながら、外国で亡くなった日本人の魂のカケラだったり、あるいはその外国人の遠い先祖に日本人がいて、その人の魂のカケラがついていたりする。こうした「日本人が背後霊についている人たち」は、ひょっとしたら日本人に生まれ変わるかもしれない。

もちろん、その逆もしかりで、あなたがアメリカが好きで好きでたまらないのであれば、日本で母国のことを思いながら亡くなったアメリカ人の魂のカケラがついているかもしれないし、来世はアメリカ人として生まれ変わるかもしれない。

3
「人間以外の存在」に生まれ変わる?

この世での生を終え、あの世に戻り、またこの世に戻ってくる時、必ずしも人間に生まれ変わるとは限らない。

時には「動物」に生まれ変わることもある。

最悪のケースは虫のようだ。虫は寿命が短く、食べるものはもちろん、生活範囲、行動内容が限られる。「努力する」という概念もなく、様々な経験をすることもできない。

だから、何度も何度も生死をくり返さなくてはならない。

それでも、生まれ変われるだけマシなようだ。何よりも苦しむのが、二章でも書いた「暗い世界」に延々といなくてはいけない魂だ。

私の背後霊によると、**魂にとって最もつらいのは「孤独」**である。

「暗い世界」にいる魂は、相当に深く自身の行ないを反省し、悔い改めない限り、光のない「全くの孤独」の世界に延々と、とどめおかれる、ということなのだ。

たとえ「虫」だとしても、その「暗い世界」から出られるだけマシらしい。

人間に生まれ変わった時点で「ある程度の徳はあった」

だから、我々は、**人間に生まれた時点で、ある程度の徳があった**と思っていいだろう。

この転生の回数には、個人差がある。多い人は二十回程度と私の背後霊は言っている。

生まれ変わりには、「いいこと」ばかりではなく「悪いこと」もある。

「いいこと」は、様々な経験ができること。「悪いこと」は、嫌な思いもいっぱいすること。

つまり、この世に生を享けたら、誰もがどちらも経験していく、ということだ。

そうして生まれ変わる度に、学びを得、徳を積む人もいるだろうが、悪にどっぷりハマり、マイナスのスパイラルに陥って、生まれ変わる度に堕《お》ちていく人もいるだろう。

前者はついに悟りをひらくかもしれないが、後者は結局、虫になってしまうかもしれない。

一方で、人間が動物に生まれ変わることがあるように、動物が人間に生まれ変わることもあるようだ。

全ての生き物は循環していると言ってもいいのかもしれない。犬が猫に生まれ変わることもままある。

ただ、人間と動物は亡くなった時点では魂のレベルが違うので、「あの世」で会うことはできない。別のエリアに行ってしまうようだ。

そのため、「あの世」で亡くなったペットに会うことは、まずできない。ただ、ごく稀に、「生まれ変わったペットと会える」という不思議なケースも、あるにはあるようだ。

4 「前世」と「今世」とのつながり

さて、「前世の人生」と「今の自分」との間には、さほど関係はないようだ。

たとえば、恋愛相談などの中で、

「なぜか知らないけれど、あの人に惹《ひ》かれるんです。前世からのつながりがあるのでしょうか」

といった相談を受けることがある。まあ、大抵はつながりなど「ない」のだが、
私に「前世からの仲だった」というお墨付きをもらって、

「前世で添い遂げられなかったあなたに会うために、私は生まれ変わったの!!」

などと伝えて、ドラマチックな展開を狙っているのかもしれない。

もちろん前世からの「縁」が「全くない」とは言い切れない。

ただ、前述した通り、私は「前世を知ってどうするの？」という考えだから、そんなことは気にせず、好きな人には素直に「好きだ」とはっきり伝えて、一回一回の人生を誠実に、堅実に生きるほうが賢明だと思う。

それは「前世の記憶」なのか？

たとえば、フランスに旅行したとして、

「あ、この景色、見たことがある」

と思うことがあるかもしれない。

「もしかして、私の前世はフランス人なのかも……」

などと妄想する人もいるだろう。しかし、これもほとんどが勘違いか、テレビか雑誌で見たことを忘れているだけだ。

ただこういったケースにも例外はあり、

「エジプトが生まれた時から好きで好きで、実は前世はエジプト人だった」

という話は、あり得る。

「中央アジアが好きで好きで、好きすぎる」

と、どっぷりとハマり込み、そちらの国に嫁入りした知人がいる。彼女は私も知っている占い師に前世を視てもらったところ、

「千年ほど前、シルクロードのオアシスで飲食店を営んでいる姿が視えた」

と告げられたそうだ。

5 いつか、また「別の生」を享ける日まで

偉業を成し遂げたような人物は、生まれ変わりを望むことはあまりない。本人が生まれ変わりたくないと言っていれば、その意向は汲《く》んでもらえる。
もちろん望めば、生まれ変わること自体は可能だ。

日本だと、歴史にその名を残すような偉人は、徳川家康しかり、東郷平八郎しかり、「神さま」として祀られることが、ままある。だからといって、本当に「神さま」になったわけではない。

周りが勝手に祀っているだけの話なので（家康は自分で「祀れ」と言って亡くなったそうだから別かもしれないが）、たとえば神社に祀られている戦国大名の中でも、生まれ変わっている人物は何人もいる。

ただ、生まれ変わったとしても、必ずしも再び「傑出した人物」になれるとは限らない。

「成功」というのは、時代背景や場所など、様々な要因が重なり合って収められるものだからだ。

また、「一度名を残した人」の魂は、そこまでギラギラもしていない。

私の背後霊によると、トップアイドルが「普通の女の子になりたい」と引退してしまうような感じで、「あの世」で案外、普通の暮らしを楽しむ魂もいるようだ。

「この世で『やりきった』から、しばらくあの世にいたい」

降霊をしていて、霊からよく聞くのが、

「しばらく、『あの世』にいたい」

という声だ。つまり、彼らは生前、有名だったか、無名だったかに関係なく、

「生まれ変わりたくない」と言うのだ。

名声を残した人は「自分は、前の人生でやりきった」と言うし、ごく普通の人生を過ごした人も「あの世のほうが何かと楽チンでいいや」と言う（『エスパー・小林の「視《み》えない世界」を味方につける霊界通信』〈三笠書房・王様文庫〉の中に何人かの著名人の霊と交信した様子を紹介しているので、興味のある人は手に取ってほしい）。

ちなみに、私は、この今の人生を終えた後、この世に生まれ変わりたくはない。

今回の著書のために背後霊と交信していた時も、

「お前のような者が、なぜこの世にまた生まれてきたのか。普通なら（あの世に）とどまっているはずだ」

といった意味のメッセージが来た。

ところで、「生まれ変わり」については、「悟りをひらくと、もう生まれ変わることはない」とよく聞くが、そんなこともないと思う。

私の背後霊に聞いたところ、「悟りをひらいた後も、生まれ変わる人は存在する」のだそうだ。特に、「この世」に特別な使命を感じた場合、重い腰を上げるようにして、生まれ変わるのだという。私の背後霊は、

「お前も、そうだろう？」

と言うが、そう思った覚えはない（笑）。

〈了〉

本書は、本文庫のために書き下ろされたものです。

エスパー・小林《こばやし》の
そうだったのか！　「あの世《よ》」の真実《しんじつ》

著者　エスパー・小林（えすぱー・こばやし）
発行者　押鐘太陽
発行所　株式会社三笠書房
〒102-0072 東京都千代田区飯田橋3-3-1
電話　03-5226-5734（営業部）03-5226-5731（編集部）
http://www.mikasashobo.co.jp
印刷　誠宏印刷
製本　ナショナル製本

 ISBN978-4-8379-6881-8 C0130

王様文庫